细节决定薪水
赢得高薪的方法

陈 云◎编著

中国华侨出版社

图书在版编目(CIP)数据

细节决定薪水:赢得高薪的方法/陈云编著.
—北京:中国华侨出版社,2011.1
ISBN 978-7-5113-1110-8

Ⅰ.①细⋯ Ⅱ.①陈⋯ Ⅲ.①成功心理学-
通俗读物 Ⅳ.①B848.4-49

中国版本图书馆 CIP 数据核字(2011)第 006096

●**细节决定薪水:赢得高薪的方法**

编　著/陈　云
策　划/刘凤珍
责任编辑/棠　静
责任校对/查显春
装帧设计/兰旗品牌设计
经　销/全国新华书店
开　本/710×1000毫米　1/16开　印张17　字数200千字
印　刷/北京中印联印务有限公司
版　次/2011年4月第1版　2011年4月第1次印刷
书　号/ISBN 978-7-5113-1110-8
定　价/30.00元

中国华侨出版社　北京市朝阳区静安里26号通成达大厦3层　邮编:100028
法律顾问:陈鹰律师事务所
编辑部:(010)64443056　64443979
发行部:(010)64443051　传真:(010)64439708
网　址:www.oveaschin.com
E-mail:oveaschin@sina.com

目　录

目
录

Chapter 1 正确理解薪水的意义

薪水的定义

既然这本书是跟大家一起分享如何才能赚取高薪的，那我们必须弄明白薪水的准确定义。

薪水古时称薪俸、薪给、薪金，现代人称其为薪资。由于大家多是工人阶级，所以又称为工资。

首先，我们了解一下"薪水"的历史起源：

据《南史·陶潜传》记载：陶潜送给他儿子一个仆人，并写信说："你每日生活开支费用，自己难以供给自己，现在派一个仆人来帮助你打柴汲水。他也是人家的儿子，要好好待他。"后来人们便把工资叫做"薪水"了。

东汉以前，一般俸禄都发放实物（粮食、布帛），唐以后一直到明清，主要以货币形式为俸禄发给朝廷官员。古代官员俸禄的名称不止一种，如："月给"、"月薪"、"月钱"等。而明代曾将俸禄称"月费"，后又改称为"柴薪银"，意思是帮助官员解决柴米油盐这些日常开支的费用。而在魏晋六朝时，"薪水"一词除了指砍柴汲水外，也逐渐发展为日常开支费用的意思，如《魏书·卢昶传》中记载："如薪水少急，即可量计。"这里的"薪水"就是指日常费用。现代一般人按月支取的工资近乎古代的"月俸"、"月费"，主要也是用来应付日常生活开支的。因此，人们常把工资称为"薪水"。

在西方国家，薪水的的来历却与食盐有关。

罗马帝国强盛时期，所谓"条条大路通罗马"，而最著名的便是"盐路"。在这条路上，罗马的远征军开进开出，商人们赶着满载盐块的牛车，从遥远的东方直奔罗马的台伯河。当时，罗马士兵的军饷还包括一部分食盐，称作"薪水钱"，从这一个词中就引出了沿用至今的英语"薪水"一词。古希腊人、罗马人常用盐购买奴隶。如奴隶主认为某一奴隶劳动不力，则说："他不值那么多盐。"此话若用到士兵身上，那就意味着要扣他的薪水了。

在了解了薪水的历史起源后，我们再来了解薪水的种种释义。

1. 柴和水

借指生活必需品。

《魏书·卢昶传》："若实有此，卿可量胸山薪水得支几时……如薪水少急，即可量计。"

宋朝的叶适曾在《提举江州陈公墓志铭》有云："虏既解去，襄城米未食者十五万，薪水不乏，竟完二城，皆如公策。"

《儒林外史》第四十八回："这是家兄的俸银一两，送与长兄先生，权为数日薪水之资。"

2. 打柴汲水

是日常生活费用的意思。

这个我们开篇就说过，《南史·陶潜传》记载：陶潜送给儿子一个仆人，并写信说："你每日生活开支费用，自己难以供给自己，现派一个仆人帮你打柴汲水。"后来人们就把劳动所得的工资叫做"薪水"。

唐朝元稹的《河阴留后元君墓志铭》："我诸父法尚严，家极贫，而事事于丧祭宾客，虽扫除薪水不免于吾兄。"

宋朝陆游的《示子遹》诗："劳兼薪水奴初去，典到琴书事可知。"

3. 即工资

清朝俞樾的《茶香室丛钞·薪俸》："按此知国初官员有给薪之例，故至今薪俸之名犹在人口，而近来各局委员有薪水之给，亦本此也。"

邹韬奋的《事业管理与职业修养》十："偏重按劳取值的薪水和偏重解决困难的津贴，在过渡的社会中都有它的必要性，这是一个原则。"

曹禺的《日出》第二幕："我不是说你的薪水。从薪水里，自然是挤不出油水来。"

通过以上的了解，我们不难发现，薪水从古到今都关系民生大计。因为有了薪水，我们才能购买到生活必需品，才能维持自己的日常生活。这也就更加体现出，职场人士追求高薪的合理性和必然性。追求高薪没什么不对，相反，这是一种向往理想和幸福生活的表现。所以各位职场人士，无论是迫于生活所需，还是出于自己对物质生活的高要求，都尽可以大胆追求高薪，并尽情享受高薪为您带来的优越感、成功感和幸福感！

你的薪水从何而来

通过上一节，我们已经了解到，追求高薪是一种再正常不过的心理。对于主要靠薪水维生的职场人士来说，恐怕没有几人不希望得到高薪。

身为职场人士的你，或许比谁都明白，工作并不仅仅是为了钱。钱不是万能的——这是人所共知的常识，但同时，大家也都明白，你可以通过赚取更多的薪水，来获得更加轻松舒适的生活，来赢得更高的社会地位，进而体现自我价值。渴望高薪并不是什么虚荣心理，所以并不需要遮遮掩掩。

低薪人士渴望摆脱低收入困境，高薪人士渴望获得更多的财富来证明自己的社会价值。但是各位职场朋友，在你想获得高薪的时候，你知道你的薪水从何而来吗？

你是不是下意识地在想——是老板给我发薪水，当然是从老板那里来了。

如果你有这样的念头或者想法，那你就错了，或者说，你的某些观念已经不适合当今的职场。

无论你是大集团的职业经理人，还是小私企的普通打工仔或者打工妹，在工作之前，你都必须搞明白这个问题——到底是谁在给你发薪水？换句话也就是说，你的薪水到底从何而来？

也许，你每个月都是从你的上司手中领取你的薪水，或者，由你的老板审核签字，批准财务下发你的薪水。但是这并不代表，是你的上司、领导或者你的老板在给你发薪水。你要明白，你的上司或者老板，最初是没有钱给你发薪水的。

你的老板创立了公司，但如果你们所有的职员都无法帮公司创造效益，你所在的公司处于负赢利状态，请问，你的老板拿什么给你发薪水？即使他掏自己腰包倒贴钱给你发薪水，那他就算将自己身家掏空，他又能倒贴多久？当然，出现这种状况的几率并不高，一般而言，这种情况多出现在公司成立之初。但你还可以换一个角度想想，比如，你的公司处于赢利状态，但是你所能给公司创造的效益远远不如其他同事。你的同事每年给公司创造的效益平均在 20 万元左右，而你每年只能给公司创造 1 万元的效益。在这种情况下，你觉得你的老板要做的是辞退你还是继续给你发薪水？又或者你的情况没有这么不堪，你的能力绝不仅止于此，你的工作状态也没有这么差，你每年能给公司创造 5 万元的效益，那么请问，在这样的前提下，你的老板会不会每年给你 6 万元的薪水？再假如，你的能力非常高，而且你的工作状态非常好，你每年给公司创造的效益是 1000 万，那么请问，你的老板有没有可能每年给你 50 万元甚至 100 万元的薪水？

答案是可想而知的。

如果你每年给公司创造的效益只有 5 万元，那你的老板根本不可能每年给你 6 万元的薪水。而如果你每年给公司创造的效益是1000万元，那么你的老板给你100万元、200万元、300万元，甚至更高的薪水，都是有可能的。但如果你不能给公司创造效益，那么你就不会赚取到一分钱薪水，因为你将面临失业！要知道，你工作的目的是为了赚钱，而你老板开公司的目的跟你工作的目的是一样的！

所以，各位职场朋友，请记住这句话吧——你的薪水是你自己给自己发的，你的薪水来源于你自己！

你想得到更多的薪水，就必须给公司创造更多的效益。如果你身在销售岗位，那么你必须要为公司推销更多的产品，才能给公司创造更高的效益，才能获取更高的报酬；如果你身在管理岗位，那你必须帮公司解决诸多问题，才能帮公司创造更高的效益；如果你身在技术岗位，那你必须拥有更扎实的专业技能，才能帮公司解决更多的硬件问题。这些，才是决定你高薪的真正所在！

弄清楚了你的薪水从何而来，你才有可能获得高薪。当然，这仅仅是有可能而已。接下来，你需要弄明白的问题还有很多，比如：是哪些关键因素决定了你的薪水？怎样才能赢得高薪？在弄明白这些问题后，你才更有可能获得高薪。当然，只是更有可能。因为，决定你能否取得高薪的因素还有很多。你的专业技能、综合素质、人际关系、工作状态等等，都是决定你能否获得高薪的重要因素。

在弄清楚这些问题之前，各位职场朋友，现在，你弄清楚自己的薪水从何而来了吗？你记住这句话了吗？——你的薪水来自于你自己！

为了什么而工作

很多刚毕业的大学生，甚至很多已经参加工作多年的人都在迷茫：我们工作到底是为了什么？

假如你是一名刚毕业的大学生，那么请问，你打算为了薪水而工作，还是为了梦想而工作？

假如你已经参加工作多年，你仍然还有这种疑问，那么请问，你有没有想过，为什么直到现在你都没有工作的激情，为什么直到现在，你还在为这个问题而彷徨？

为这个问题而迷茫，并不完全是坏事，因为，这的确是一件十分值得你重视的事情。

毫不夸张地说，工作是人生活中不可分割的一部分，是生命中最重要的事情之一。一天 24 小时中，工作至少会耗去我们 1/3 的时间。既然工作如此重要，那各位职场人士和即将进入职场的人士都很有必要弄清楚，你到底为了什么而工作？

相信答案林林总总——有人为了兴趣，有人为了理想，有人为了回馈社会，有人为了追寻自我价值，有人为了养家糊口，有人为了更好地生存，有人仅仅是为了赚钱。

为了兴趣、为了理想而工作，是一件很好的事，毕竟财富不能带给一个人真正的快乐。若能在满足自己兴趣和理想的情况下还能赚到钱，这是何其幸运的人生！但也正因为这种人生太过幸福和幸运，所以才导致了这种人生的不可多得。房贷、孩子的奶粉钱、上托儿所的钱、孩子的大学学费、父母的医药费、交通费、家里的煤电水气费等等花销，直接导致现今的人比以前任何一个年代的人生存压力都大。这一切逼着更多的人为了养家、为了生存，只能放弃爱好，从事一份自己不喜欢的职业。而从事自己不喜欢的职业，又会直接导致工作压力过大。这是很多上班族一边上班却又一边厌倦工作的最大原因之一。试想，一个人若每天至少有 8 个小时在从事自己所不喜欢的事情，那该是何等悲哀！没人会希望此生在悲哀中度过，所以，即使你正在从事自己不喜欢的工作，也请你善待工作，尽量发掘工作中美好的一面，这么做，就等于善待你自己！

若将工作当成谋生手段，那么工作必然会给你带来压力，但同时，也会给你带来很多其他的东西。

那么，工作到底会带给我们什么？

假如你正在从事一份很喜欢的职业，你因为工作得到了快乐，那么你应该感谢工作。是工作帮你完成了你的理想，是工作给你提供了展示自己的平台。

假如你正在从事一份自己不喜欢的职业，你仅仅是为了生存而不得不工作，那么，工作可以带给你薪水和其他福利，你为此可以让父母老有所养，让孩子有书念，让妻子有高级化妆品用、有名牌大衣穿，让自己可以体面地行走在人群中，而这些也都正是你所需要、你所期望的，那么，你为什么还要厌倦工作？

说上面这些话，我无非是想告诉那些正在从事自己不喜欢的职业的人，试着以一颗感恩的心来看待工作，努力发掘工作中的乐趣。毕竟，没有一种生活是完美的，也没有一种工作是完美的。也许，那些看上去让人十分羡慕的工作，并不适合你，甚至，那份工作可能并不如别人想象中的美好。这世界上没有尽善尽美的人和事，每一件事都有其不合你意的一方面，工作也是一样，所以，请带着激情和好心情去完成自己的工作吧。

退一万步来讲，只有不厌倦工作、喜欢工作的人，才能更好地工作；只有工作状态更好的人，才更容易取得高薪，更容易取得成就。假使你不喜欢你自己所从事的职业，难道你也不喜欢好心情？不喜欢高薪？不喜欢取得更多的成就？不希望给社会创造更多的福利和价值？

其实，无论是为了生活而工作，还是为了工作而生活，都只是个人从不同的角度，做了不同的理解，继而做出了不同的选择，谈不上牺牲，也无所谓对错。

说小点，工作归根到底，是为了自己——我们是为了自己和自己的家人而工作！

说大点，工作不单单只是为了个人和家人的生存，更是在为了一个企业而奋斗。只有我们国家的企业成功了，我们的经济才会发达，我们的国家才会强大。可以说，认真工作，是在为一个民族、一个国家而努力奋斗！

工作、高薪与自我特质

就算明白了自己的定位，明白了为何而工作，但很多职场人士还是有烦恼。因为绝大部分人都想从事一份高薪职位，而真正得到高薪职位的人却不多。

下面我们先来了解一下，何谓高薪职位。

根据近年来的数据统计，以下 10 个职位，牢牢占据近年来的高薪职位前十名。

第一，销售人才

销售人才一直稳居榜首。优秀的销售人员月薪可达 20000 元以上。

上榜理由：好的销售人才每个行业都非常抢手。营销人才约占所有招聘职业类别的 10%～15%。

第二，房地产从业人员

房地产行业的优秀人才，近年来一直稳居各类职位收入前三甲。房地产行业的职业经理人，月薪在 16000～20000 元左右。

上榜理由：建筑及房地产业人才自 2006 年已有 6.4 万的人才缺口，截止到 2010 年，这个数据会扩大 30%。尽管国家这几年一直在出台政策调控房价，但这并不影响从事该行业人员的收入。因为在中国人的传统观念中，一个家离不开房子，只有买了房子才可以成家。

第三，金融行业经理人

金融行业经理人，月薪 14000 元左右。

上榜理由：外资银行不断进入，合资基金公司逐渐增加，银行和基金对人才的需求增加较快，人才的争夺也十分激烈。

第四，物流业经理人

运输/物流行业经理人，"钱途"愈来愈好，月薪 14000 元左右。

上榜理由：目前我国物流人才供不应求，用人单位对物流职业认证的品牌、培训质量、教学优势和证书的含金量都很关注。

第五，计算机行业经理人

2009 年 IT 业经过寒冬时节后，2010 年此行业开始复苏回暖，势头难挡。计算机行业经理人，平均月薪一般而言在 10000 元以上。

上榜理由：我国软件业发展势头强劲，计算机人才的需求每年增加 100 万。

第六，资深顾问

咨询业行情走高，资深顾问优势明显，平均月薪在 15000 元左右。

上榜理由：咨询机构注册登记数量猛增，咨询业人才奇缺，高学历的咨询人员更是大受欢迎。

第七，网络游戏业人员

网络游戏业人员奇缺，但潜力巨大，平均月薪高达 15000 元，但却少有人问津。

上榜理由：2010 年，中国网络游戏用户总数达到 3 亿，网络游戏的市场规模成倍增长。

第八，医药人才

医药人才近六年来，一直持续升温，平均月薪可达 8000 元。

上榜理由：人口的老龄化和生活的日益富裕，将使医疗卫生成为 21 世纪初最赚钱的职业之一。

第九，网络传媒职位

网络传媒职位需求增加，平均月薪在 8000～10000 元，有的企业甚至开出 2 万元以上的薪水。

上榜理由：网络技术的飞速发展，促使了网络编辑等相关职位的需求增加。

第十，教师

教师从 2006 年期便已成为职场上的香饽饽，高校教师高福利、高收入，其平均月薪远远高于一般职业，而有些全国各地一线城市的名牌中学教师与名牌大学教师平均工资可达 7000 元。

上榜理由：如今教师高福利、高收入、稳定性高，已成为大众向往的职业。

看过以上 10 组数据后，你对高薪职位有了一个基本的了解吗？你有没有眼红过他们的收入？但是，高薪不等于好工作，好工作不等于高薪。一份好的工作，还需要具备以下几个特质：

1. 系统的培训：掌握各种谋生技能比谋生本身更加重要，用中国的俗话说是"一招鲜，吃遍天"。所以职场人员在选择工作时，一定要找一个重视员工培训的企业。只有掌握足够的技能，才能在某一个领域里占得一席之地。

2. 合适的职位：兴趣是最好的老师。相信大家都有过同样的感受，学生在学习自己感兴趣的科目时，可以十分轻松地掌握到知识要点，一个员工在做自己有兴趣的工作时，往往事半功倍！所以选择职位时，一定要尽可能选择自己有兴趣的、熟悉的行业或者领域。

3. 和谐的人际：一个融洽、轻松的工作氛围，比办公室斗争十分激烈的工作氛围，更易于人的发挥，也更容易让人从工作中得到乐趣。反之，则会让人十分厌倦工作，而且很容易在工作中感到疲惫。试想，谁愿意为了应付各种办公室人际关系而把自己搞到心力交瘁？

4. 公平的机会：只有给每个员工公平升迁机会的企业，才能笼络到更多有能力的人，也只有这样的企业，才更有发展前途。

5. 系统的管理：一个良好的管理系统，才会使员工办事更有效率，企业发展更迅速。现在很多企业都在着手打造系统化管理，原因也正在于此。

6. 美好的前景：所谓背靠大树好乘凉。如果你实在找不到高薪工作，那就选一家很有发展潜力的企业吧，日后一定水涨船高。

7. 良好的企业形象：如果你有机会进入知名企业工作，那即使你只是从事很普通的工作，也一定要好好珍惜。因为，这段经历将会成为你找更好的工作时的资本。

通过上面的内容，你已经了解了十大高薪职位和行业，也了解了什么才是好工作，那么，你知道怎样更好地获得高薪工作吗？下面，我跟大家分享一下我的理解：

一、了解行业状况

了解行业状况十分重要。

大家都知道，律师的收入很高，但也要看是民事律师还是刑事律师。如果你要从事律师这个行业，你打算主攻哪类案件？你研究过多少同类的官司？相关的法律条文你有没有熟知？你又凭什么来吸引客户请你为之辩护？

除了律师，医生也是众人眼里的高薪职业。难道你也想做医生？那你先去考个医师资格证吧，没有医师资格证，你就连进入这个行业最基本的资格都没有。

什么？你不喜欢枯燥乏味的学习？你既不愿意参加司法考试也不愿意考取医师资格证？那好，那就换一个不需要从业资格证也能从事的高薪职位。听说很多企业的采购员收入很高，那你有没有研究过哪个行业的采购员最吃香？这个行业里哪家企业最强大？你如果想进那家企业做采购员，你必须具备哪些条件、做足哪些功课？

向往高薪工作很好，但请问你有没有调查过，自己需要什么样的资本才能得到你想做的工作？你对你想进入的企业了解多少？你对你想进入的行业了解多少？进入这个行业，需要付出什么样的努力和代价，最后可以得到多少回报？

入行是做"高薪梦"的重要条件，如果你根本没有了解自己想进入的行业，如今是什么样的市场行情，找高薪工作根本无从谈起。

二、了解各地收入差距

我国各个地区的工资差别很大。在小城市工作，跟去上海、深圳、广州、北京工作，薪资水平自然不一样。"树挪死"但是"人挪活"，换一个城市工作，也未尝不是提高薪资的好办法。你可以事先调查好各个城市的平均工资状况，然后去你理想的城市发展。

三、了解企业状况

在选择进入一家企业之前，不仅仅要了解企业的薪酬状况，还要对企业的其他方面进行多方位了解。企业文化、企业知名度、企业的管理模式、经济实力、企业各种福利，都需要你进行全面了解。如果你要进入的是一家销售公司，那他们的主打产品、主要市场、营销模式是怎样的？企业领导者的思维和营销理念你知道多少？如果你要进入的是生产加工制造企业，那他们的生产设备是最先进的还是比较落后的？他们的管理模式是怎样的？他们的生产技术怎么样？他们的产品在市场上的信誉度和市场占有率是多少？不管你打算进入从事哪个行业的企业，你有没有了解过他们的知名度大小？能为员工的发展提供什么样的平台？你去了这家企业，凭你的能力能为企业创造多少价值？

只有关注你所在企业和行业的发展趋势，了解行业最新动态，走在众人的最前端，使自己成为企业的中流砥柱，才能处于高薪阶层。

四、了解待求职位

很多求职者都想找到赢得高薪的途径，甚至有人还总结出种种求职规律。有人说工作轻松而且薪资很高，就是好工作。事实的确如此吗？请看一个案例：

Z企业是沿海某省一家高速发展的综合性国有企业，该企业一直声名赫赫，无论是知名度信誉度还是年销售额，都在当地名列前茅。但是该企业有段时间曾经发生了一个十分有趣的现象：该企业愿意当看车员的人非常多。是不是Z企业的看车员可以让一个普通员工快速登上总经理的宝座？当然不是的。事实上，Z企业的看车员仅仅是看护自行车、汽车而已，绝无升职加薪的可能；那是不是看车员工作条件舒适宜人？答案也是否定的。Z企业的看车员虽有凉亭为伴，风吹不着，雨打不着，但毕竟不如坐在办公室里吹空调舒服。该职位也绝不是能锻炼人，可以让人迅速成长的职位。那究竟是什么原因让很多员工对这个职位趋之若鹜？原来，看车员工作轻松，没有风险和压力，最重要的是工资不少拿，和一线业务人员、研发人员拿得差不多，所以人人愿当看车员。

如果这种事发生在你所在的企业中，你很羡慕看车员轻松而且收入比较高，那你要不要去做？薪资真的是衡量一份工作的唯一标准吗？答案当然是否定的。

如果你不想做看车员，你想做另外的工作，那你到底要做什么工作，有没有明确的目标？或者，你根本没有仔细考虑过你想做哪个职位？

如果没有明确的职业定位，连自己想做什么样的工作都不知道，还谈什么高薪？

职业定位一定要明确。各位职场人士一定要多做思索，多做考虑，使未来要发展的方向更清晰。这样，你就会距离高薪更近一步。

如果你不知道该怎样定位职业目标，不确定某种职业是不是好的职业，适合不适合你，这就需要你深入并且全面地了解你的待求职位。这份工作对你本身而言的利弊，你都必须衡量清楚。得到这份工作需要你付出哪些代价？这份工作又会给你带来什么样的福利？这家企业的发展空间、人员晋升空间、岗位匹配等等，都是你必须要了解的方面。薪资虽然是衡量工作的重要指标，但并不是唯一的指标，衡量一份工作必须要从多角度出发。如果你目光短浅，仅仅为了眼前的一份薪水，而选择"看车员"的工作，那么你将永远与高薪无缘。

别将自己托付给"钱"

前程无忧网近日做了一个名为"工作了，还幸福吗"的网上调查。这个调查历时一个月，共收到有效网上调查问卷 5005 份。其中，男性受访者占 47.93%，女性受访者为 52.07%；北京市的受访者居于各省市第一，占到 31.49%，上海市为第二，占22.58%；60% 的受访者拥有本科及本科以上学历，专科学历受访者占 26.41%；工作年限在 3 年以下的受访者比例为 35.88%，工作年限为 3～5 年的受访者占 28.43%，8 年以上的为 10.92%；在外商独资企业工作的受访者占 40.20%，合资/合作企业工作的受访者比例为 10.75%，民营/私企工作的受访者占 26.73%，在国企/上市公司工作的受访者比例为 11.51%。

据前程无忧网的调查，超过半数的受访者表示只能"断断续续地感受到幸福"，27.07%的受访者慨叹"幸福是很多年前的事儿了"，9.39%的受访者悲观地表明"从未感受过幸福"，仅有 8.51%的受访者表示自己"每天都很幸福"。

通过前程无忧网的调查卷，我们可以得知，很多人都因为生活所迫，不得不为了生计整日疲于奔波，对于幸福的感知度越来越低。

那对于上班族来说，什么才叫幸福？

上班族中流行几句话"事少假多离家近，权高位重责任轻，每天睡到自然醒，拿钱拿到手抽筋"。这几句话反映了一些人对理想工作的向往和认知。

先不论前面几点，我们只关注最后一点，"拿钱拿到手抽筋"，是否真的很幸福？据前程无忧网的本次调查，35.24%的受访者认为"挣的钱永远比支出的钱多就最幸福"，22.70%的受访者认为"钱够用就幸福"，25.31%的受访者认为"幸福和金钱无关"，持"钱越多就越幸福"这一观点的受访者相对比例较少，占 16.74%。而赞同"钱越多就越幸福"的男性受访者的比例，要大大高于女性受访者。大部分人追求的是"财务自由"，而不是"财富最大化"。

看来，很多人都认为，钱并不能完全主宰自己的幸福和快乐。但是因为工作最重要的目的之一是为了赚钱，所以仍然有很多人因此而进入一个误区，变成了工作只为了赚钱。

没错，薪酬是我们付出劳动力的回馈，但我们所收到的报酬不只是月薪。我们在工作中还可以收获友情、提升能力、激发生活热情。如果将赚钱当成了工作的全部，那工作甚至生命的价值都将会贬值！大家或许能从下面的故事中得到一些感悟。

在美国佛罗里达州桑福德市一个安静的小镇上，有一名厨师叫马克·鲍勃。马克·鲍勃的烹饪水平很不错，在一家叫好望角的餐厅做了两年的厨师。当厨师之余，他还热爱博彩，虽然他一直没有中过大奖。

2009 年 2 月，幸运之神眷顾了马克·鲍勃，他居然中了数百万美元的大奖。在当时经济危机的情况下，他无疑成了小镇最幸运的人。中奖的那个晚上，马克·鲍勃在自己工作的餐厅请客。他亲自下厨做了一顿丰盛的晚宴，和大家一起庆祝自己的一夜暴富。

那个狂欢的晚上，所有人都尽心玩闹，只有饭店老板约翰有些难过，因为他必须计划重新招聘一名厨师了，他认为鲍勃肯定不会继续干这份工作。

第二天，就在约翰拟好招聘广告之后，一个熟悉的身影出现了——鲍勃居然回来了。鲍勃不但回来了，而且风趣地说："我是厨师，你们休想把我丢进那些豪华会所。"

于是，鲍勃又吹着口哨开始了他的工作。很快，饭店里的食客渐多，当人们发现鲍勃依然在这里工作时，都很惊讶地向他挥手致意。

后来，鲍勃的做法引来了好事的记者。记者举着摄像机和麦克风闯进厨房问他："鲍勃先生，你完全可以不在这里工作了，为什么还要继续呢？"

鲍勃一手端着盘子，一手拿着勺子对记者说："我从小就学习做菜，并在父母亲的反对之下坚持成为一名厨师，你大概知道我有多喜欢干这个了吧？而且，我在这里有像亲人一样的老板和同事，我们相处得非常愉快，他们让我人生的大部分时间都很快乐。我为什么要因为一笔意外之财而丢弃我热爱的事情呢？"

记者很惊讶，良久无语，但仍然很执著地说："你这么有钱，为什么不把这家餐厅买下来自己做老板，这样不是很好吗？"

鲍勃笑了，隔着玻璃门指着外面的老板约翰说："像购买这家餐厅成为老板这种事情，我是不会干的，因为这是约翰最喜欢干的事情。我如果买下这家餐厅，那不是意味着约翰要失业并失去快乐了吗？既不能给我带来快乐，又有可能夺走别人快乐的事情，我为什么要干呢？"

故事中的鲍勃就是一个不为金钱而去工作和生活的人。他在父母的反对下，坚持自己的爱好，并且实现自己做厨师的理想。即使在工作中，他最看重的也不是薪水，而是在工作中与同事和老板建立起来的如同亲人般的深厚情谊。即使在获得大笔财富后，鲍勃依然坚持做厨师，不会因为一笔财富就丢弃自己热爱的事情。

鲍勃的想法是值得肯定的，也是值得很多人去学习的。他会选择继续留在餐厅里做厨师，因为那里的气氛很好，也因为那是他的爱好。他喜欢那份工作，因为那份工作可以给他带来很多快乐。鲍勃不会因为钱就去做无法给自己带来快乐，还有可能夺走别人的快乐的事。当你面临一份高薪，却不是你所喜欢的工作气氛，不是你所感兴趣的职位，也无法给你带来更广阔的发展空间的工作时，你要怎么办？你不到万不得已，必须慎重决定要不要接受这份工作。各位职场人士在忙于赚钱的同时，请千万不要忘记自己最初赚钱的目的。我们最初赚钱时，是为了能更幸福、更快乐地生活，为了使自己的社会地位得到提升，为了让自己的能力得到展现。当钱无法给我们带来这些的时候，我们就要考虑要不要为了钱继续从事现在的工作。

在你弄明白如何获得高薪前，请先记住，赚钱是我们工作的一个重要目标，但是千万不要将自己托付给"钱"！而往往，幸运反而更愿意垂青那些能认准目标的人，一旦你摆正态度明晰目标后，你会发现，高薪反而更容易获取了。

工作为养老，赚钱看头脑

有两个穷人一起饿着肚子赶路。他们走着走着，遇见一位善良的老人。那位老人不忍心看他们挨饿，就把自己手中的一篓鲜鱼和一根鱼竿送给了这两个穷人。其中一个穷人选择了那篓鲜鱼，他很开心地提着竹篓走了。但是没多久，他就吃完了鲜鱼，不久就饿死了。另一位穷人则选择了鱼竿。他拿着鱼竿走向了海边，

021

凭借巨大的精神毅力，忍住饥饿，最后钓了很多鱼。他将自己钓上来的鱼分成了两份，一份拿来自己填饱肚子，另一份拿到集市上卖掉换钱。久而久之，他积累起不少财富，成了一个富人。

这个故事告诉我们，做人一定要将眼光放长远，不要只图眼前利益。其实工作也一样，每一份工作，不只要看当前的收益，更不要只图工作轻松舒服完全忽略收益。在选择一份工作之前，我们应该考虑的事情很多，除了考虑眼下的景况，还要为将来早做打算。现在的你或许还很年轻，你的父母也都还没有老去，但是再过几年，你的父母都老去了，而他们又刚好没有收入来源，你该如何让他们颐养天年？假如再过几十年，你也老了，打拼不动了，必须要靠年轻时赚取的财富来养老了，你该如何保证自己晚年的安乐幸福呢？所以，无论是求职者，还是职场人士，为了家庭或者自身的幸福，都要将眼光放长远。

如果你是一个求职者，那么首先，一定要有一个好的就业心态，避免进入以下三个误区。

误区一　只图轻松舒适

有的求职者，因为刚出校门还很年轻，没有什么家庭负担，也没有意识到自己将来要担负的责任，所以不喜欢做有挑战力度的工作。这类人群找工作的第一要求是，一定要简单轻松。其实，年轻时代学习东西，才是最合适的时机，求职者更应该趁年轻的时候，做一些有挑战性的工作。如果只做能力范围之内的事，那我们将永远不会有进步。自己多打拼、多努力、多学习，才会有更多收获，也才会有更多挑战高薪的资本。假如你现在只图轻松，所以你心甘情愿在一家管理疏松的小企业做一份简单的文员工作，每个月拿一千几百块的工资，请问，10 年后、20 年后，你还能继续做文员的工作，一个月拿一千几百块的薪水？如果到那时候你才想换一份难度大、薪水高的工作，恐怕不会那么容易！

误区二　功利心太强

有些求职者在求职一段时间后，会渐渐把求职当成一种常态。每次遇到求职机会，一般的企业不愿意进去，但只要看到是事业单位或者公务员之类的，就不多加考虑，投简历过去。这种做法的最后结果很可能是，考不上公务员、进不了事业单位、资历和能力也不够进名企，还将一些挺不错的机会也错失了。所谓"高不成低不就"，说的就是这类求职者。其实他们完全可以先在一些待遇还算可以的私企从事自己喜欢的工作，等有了足够的能力和资历后再考虑跳槽！

误区三　骑驴找马

如今的人才流动量很大，很多年轻人不停地跳来跳去，成为"跳槽族"。这类求职者为了找工作而找工作，在哪里也待不长，时间久了，不但无法在任何一家企业得到重用，也无法积累更多的相关工作经验。这类求职者不但不会替企业流失人才着想，连对自身的伤害也意识不到。他们从没意识到，这么做其实是在蹉跎自己的大好青春。他们刚大学毕业时仗着自己年轻，认为自己有资本挥霍青春，可刚挥霍几年后，眨眼就到了奔三的年纪，结果自己没存款、没房子、没票子、没车子。到那时候，他们终于意识到频繁跳槽对自己造成的伤害了，可是大好时光已经被白白浪费了。

如果你是求职者，而且已经走入误区，那务必悬崖勒马，回到正途。不然这不但会影响到自己的前途，而且也会给自身造成巨大损失。

如果你早已经过了求职的阶段，成为一名职场人士，那么，接下来，你需要关心的问题是赚钱。

很多人说过"给人打工永远赚不到钱，不如自己创业做老板"。但这世上不是每个人都可以做老板，也不是每个人从一开始就能当老板。如果你现在只是一名打工者，目前的情况还不允许你自己投资创业，而你又想赚更多的钱，那该怎么办？自然要多动脑子了。不管"打工者永远赚不到钱"这句话是对的还是错的，其中又有多少说话者的主观感情因素在内，但是你不能否认，确实很多人在说这句话。我们身边以此为抱怨的人比比皆是，而且，通常都是那些在职场不如意、薪水很低的人在说这句话。先抛开喜欢说这句话的人是出于何种原因和目的，但是这也从侧面反映出一个问题，那就是赚钱不易。最后真正赚到钱的人，都是一些肯比别人多用心、多用头脑的人。上帝还是很公平的，那些肯比别人多付出心思的人，必然会得到回报。

我在之前的章节里就说过，大家不能将自己托付给"钱"。如果你想真正获得财富，就要做财富的主人，而不是奴隶。要获得财富并驾驭财富，是需要一定智慧的。前人就曾说过，"不能用眼睛去看钱，要用思维去'看'钱"，"创造财富的思维，也是一种财富"。

如果你也想获得高薪，那你也必须多用心，多注意观察别人是靠怎样的思维获得财富的，是靠怎样的能力得到提升的。你要多想想怎样才能取得更多的销售额来换取更多的酬劳，多想想如何做好管理才能提升企业的整体工作效率，或者多想想怎样让自己的工作完成得更漂亮进而取得老板赏识，最终获得高薪。

这里有一点需要大家注意：赚钱除了"开源"，还需要"节流"。

所谓"开源"，就是我们正在讲的，如何获取高薪。获取高薪后，最好还能通过自己的薪水去投资理财，达到钱赚钱的目的。只有鸡不行，还要让鸡生蛋，蛋生鸡，鸡再生蛋。富人的思维一般而言都是——取得收入，购买增值资产，利用资产再获得更多的资产。

所谓"节流"，指的不是生活中的节衣缩食。你比别人少吃几顿西餐或者烧烤，穿比别人更便宜的衣服，用更廉价的电器，节省下来的钱不足以让你成为富人。一旦你取得收入，并用你的薪水投资理财赚来了更多的钱，那你更该考虑的问题是如何节省你赚取财富的成本。比如，怎样用更少的时间去赚取同样多的财富？你还要考虑如何节省你赚取这些财富所要付出的代价。

以前，中国人最爱喊的口号是——"靠劳动致富"。这句话固然有一定道理，但如果只靠劳动，效率未免太慢，成功几率未免太低。在如今这个经济高速发展、致富信息五花八门、赚钱渠道多种多样、生存压力大但是机会也多的时代，只靠劳动恐怕很难赚钱。当然，身为打工者，勤劳是必需的素质，但是请各位职场朋友不要忘了，这个时代的特质必然导致头脑的运动比肢体的运动更容易帮你获得成功和财富！所以，请各位记住本节的标题：工作为养老，赚钱看头脑！

你想要多少薪水

很多求职者在面试时，都会遇到一个很棘手的问题："你想要多少工资"，"你觉得公司每个月支付你多少薪水才合适"？

如果你遇到的企业问的问题是"我们这个职位的薪水是×××，你是否能接受"？那么一切万事大吉。可如果对方问的不是这个问题，而是上面那两个呢？你该怎么回答？

当然，你可以采取很多取巧的回答，比如"按公司规定来就可以"、"我相信公司会给我一个合理的报酬"，或者你也可以不跟用人单位"打太极"，你大可以根据当地的市场行情再结合自身情况，直接报出你心目中的理想薪酬。但这些都只是对付面试官的答案，是为了获得一份工作所耍的小计谋罢了。诸位求职者和上班族，在自己心中应该有一个准确的数字。我们自己必须清楚明白地知道，自己到底想要多少薪水！请不要认为弄明白这个问题是一件可有可无的事，事实上它对于你的职业生涯来说非常重要。

上海世博会的西班牙馆要在中国招聘工作人员，这个消息立即吸引了众多目光。能在世博会这样难得一遇的盛事中露脸，对于很多年轻人来说，无疑是一个巨大的机会和挑战。浙江女孩周顿很希望获得西班牙馆提供的这份工作，于是满怀激情地加入了浩浩荡荡的应聘大军。

第一次面试，主考官是一名西班牙籍男士，讲的也是西班牙语，和很多面试官一样，他首先要求应聘者用西班牙语做一下自我介绍。接着，他话锋一转，忽然问道："如果西班牙国王来了，你怎么做？"而且，还当即从椅子上站起来，走出几步，然后，学着国王的样子，从远处走过来，并向周顿微笑示意。周顿怔了一下，随即站起来和对方握手，并扬起甜美的笑脸，热情而礼貌地说："您好，欢迎来到中国！很高兴见到您！"对于周顿的表现，主考官满意地点了点头，说："就是要这样保持平常心！"

周顿第一次面试顺利通过，几天后，她接到第二次面试通知。这一次，主考官换成了一名西班牙女士。大概女人天生就比男人唠叨不休，这位西班牙女士先是认真仔细地盘问周顿的西班牙语是在哪里学的，甚至连为什么曾经跳过一次槽这样的细节都不放过。周顿的回答是："这次跳槽后我可以有机会和外国人一起工作，能拥有外国朋友也是一种开阔视野了解世界的方式吧。"这个回答立刻博得了女考官的赞扬，但事情远远没完。她又喋喋不休地和周顿谈起了西班牙各地风俗，哪个地方有什么特色、有什么名人名事、盛产什么，她都一一细问，甚至国王和皇后的名字她都问了。

周顿觉得，真是再也找不到比这更难、更习钻刻薄的面试了，好在她平时对世界各地风俗感兴趣，学西班牙语时又经常听老师讲西班牙的风俗人情，所以，她总算有惊无险地过了关。

周顿一周后，收到了第三次面试通知。走进考场时，周顿的心咚咚跳个不停。前两次面试她已经见识过了,可谓一次比一次难,这一次,难度肯定又提高了一个档次。周颐暗暗地为自己捏了一把汗。

出乎意料的是,这一次的考题居然非常简单,主考官只是问:"你希望的薪水是多少?"

有过工作经验的周颐知道,这个问题很多招聘者都会问,而且很多时候陷阱重重。你说低了吧,别人觉得你可能能力欠缺,而且自己的利益也受到损失;说高了吧,又怕对方说小庙养不了大和尚,将你拒之门外。更何况,这是招聘举世瞩目的世博会工作人员啊,不知道这个问题又藏着怎样的玄机呢!一般而言,很多应聘者都会避重就轻选择模棱两可的答案。但周颐当时认为,与其揣摩别人的意图,不如说出自己最真实的想法。于是周颐咬咬牙,大声地说出了自己心里真正想要的价位。

没想到周颐居然在众多的应聘者中脱颖而出,成功通过面试,很快与西班牙馆签约成为正式员工,月薪上万元。

而和周颐同去的几个同学在回答这个问题时,选择了含糊的"随便"。对方却抓住不放,一个劲儿地追问"随便"到底是什么意思。结果,那几个过五关斩六将冲到最后一关的优秀同学,遗憾地与这份工作失之交臂。

后来周颐才知道,这次应聘,总共去了五百多人,最终只有26人应聘成功,这些人中,大多数都是海归派或名牌大学西班牙语系毕业的人,而她,只有大专文凭,学西班牙语不到一年。(摘自《南国都市报》)

大概，在西班牙那些主考官们看来，一个人连自己的薪水期望值是多少都不明确，还能对什么事情态度明确呢？所以他（她）们录用了周顿，而不是周顿那些十分优秀的同学！

　　当然，这个事例只能说明西班牙人的思维，甚至只能说明这家单位招聘员工时的思维，并不代表求职者面试时都必须像周顿一样报出自己心目中的理想价位。但这个案例从侧面表现出招聘单位的一种观念，那就是，一个人对自己的薪水期望值是一件非常重要的事。即使你所面试的企业并不要求你明确报出自己的期望值，你在心里也要对自己有一个合理的定位。而且，不管是企业还是个人，在对待这个问题时，都需要慎重！

　　那么各位求职者或者在职人士，你弄清楚自己想要多少薪水了吗？

　　如果你一直在为这个问题而迷茫，或许国家统计局提供的数字或多或少可以帮到你。

　　根据国家统计局公布的 2009 年职工工资统计数据，其中城镇非私营单位在岗职工年平均工资为 32736 元，而私营单位就业人员平均工资仅有 18199 元，差距明显。各行业中，金融、IT 业、科研类工资位列三甲。根据行业比较来看，金融业年均工资超 7 万，依旧处于龙头老大地位，而农林渔牧业则不到 1.5 万。

　　数据显示，全国东、中、西几大片地区的收入呈现明显的梯度。东部最高，西部其次，中部成为谷底。上海城镇非私营单位在岗职工的年平均工资最高，一年 63549 元，随后为北京 58140 元、西藏 48750 元、天津 44992 元、浙江 37395 元、广东 36355

元、江苏 35890 元。其中，江苏非私营单位在岗职工工资增幅最快，达 13.3%。

据透露，这几年统计部门的数据常被质疑，认为公布的在岗职工平均工资有"被增长"的嫌疑，而主要原因是统计部门的统计口径为国有企业、集体企业、机关事业等收入相对较高的单位。而收入较低的单位，比如私营企业等并不包括在内。为了纠正这一情况，2009 年在岗职工平均工资的统计口径发生一些变化，"城镇单位在岗职工平均工资"改为"城镇非私营单位在岗职工年平均工资"，调查对象包括城镇地区全部非私营法人单位，具体包括国有单位、城镇集体单位以及联营经济、股份制经济、外商投资经济、港澳台投资经济等单位，统计内容有计时工资、计件工资、奖金、津贴和补贴、加班加点工资以及生病等特殊情况下支付的工资。工资总额统计的是个人税前工资。另外，2009 年统计部门还把私营企业纳入了统计范围，公布了"城镇私营单位就业人员年平均工资"，这部分人的年平均工资和增长速度均低于城镇非私营单位职工。

以上乃是国家统计局公布的 2009 年中国职工平均工资收入，如果你心中有明确的理想薪酬并且已经达到，那真是再好不过，我在此向你表示祝贺。如果你是在职者，而且没有明确的理想薪酬，相信这份调查可以让你更清楚地了解到，你跟同一个地域、同一个行业的人的收入差距。你是处于平均水平？处于较高的水平？还是处于较低的水平？如果你是求职者，那你目前可以找到一份薪水如何的工作，这份薪水比平均工资高出多少？或者，跟平均工资相比，差距是多少？这份数据能不能帮你明确你的薪水目标？

要知道，一个人只有在弄清楚自己想要多少薪水，有了明确目标后，才能更容易达到目标，获得高薪。如果一个人连目标都没有，那实现目标、拿到自己想要的薪水，又从何谈起呢？

薪酬并非衡量一个人的标准

在本章开始之前，我先来给大家看一则故事：

在太平洋卡罗莱群岛中有一个雅普岛，岛上的居民把开采出来的石头当做钱，即直接从自然界中取得货币。这种石头钱被称为"斐"，它是从雅普岛以南400英里的另外一个岛上开采出来的。在质地符合要求的前提下，石头的价值取决于石头的大小，石头越大，价值越大。

由于人们都追求较大的价值量，当地许多居民便冒着巨大的风险从海外的岛上开采大石头并运回来。因石头较大，用作交易工具实在不便，所以岛上的居民进行交易时，并不搬动石头，而只是由石头的主人作一个口头声明，告诉大家这块石头已经易主就行了。据说，雅普岛曾经发生过这样一件趣事：一个富有的家庭自称在400英里以外的岛上有一块巨大无边的石头"斐"，以表示他家拥有巨大的财富。其实，那块石头到底是什么样，大到何种程度，雅普岛上的居民从没有见到过。这富有之家的财富也就仅仅作为观念存在于岛上居民的心目中。

1898 年，德国政府从西班牙手中接管了卡罗莱群岛。管理者计划改造雅普岛上的道路，却遭到岛上居民的抗拒。

当德国人了解到岛上居民的全部财富就是那些分布于岛上的石头"斐"时，他们想出了一个说服这些居民的办法。他们派人用黑色染料在岛上所有的石头"斐"上画上黑色十字，并宣布那些带黑色十字的石头不再是货币。这样，岛上居民一下子失去了全部财富，不得不按照德国人的意志，老老实实地修好了路。这时，德国人又派人将所有石头"斐"上的黑色十字洗刷干净，宣布这些石头还是钱。雅普岛的居民为重新获得财富而高兴万分。

上面的故事看似滑稽，但却有深刻的意义在里面。其实很多人都跟故事里的雅普岛居民一样，将钱当成了衡量一切的标准，有"钱"（斐），就被人人羡慕，就可以拿来炫耀，反之则伤心不已。

求职者追求高薪的同时也需要明白，薪酬并非衡量一个人的标准，千万不要因为自己薪水比别人低就自卑。否则你跟故事里的雅普岛居民有什么区别？

其实衡量一个人，是要从多方面去看的。有几句流传广泛的戏言说的很好：

看一个国家的国民教育，要看他的公共厕所。

看一个男人的品味，要看他的袜子。

看一个女人是否养尊处优，要看她的手。

看一个人的气血，要看他的头发。

看一个人的心术，要看他的眼神。

看一个人的身价，要看他的对手。

看一个人的底牌，要看他身边的好友。

看一个人的性格，要看他的字写得怎样。

看一个人是否快乐，不要看笑容，要看清晨梦醒时的一刹那表情。

看一个人的胸襟，要看他如何面对失败及被人出卖。

看两个人的关系，要看发生意外时，另一方的紧张程度。

这几句戏言，没有一句是让人从金钱或者薪酬的角度来衡量另外一个人的。这几句告诉我们，衡量一个人要从品行、道德观念、品位、性格、身体状况、心理状况、综合能力、胸襟气度等等多方面来入手。金钱，从来不是衡量一个人的标准。不信可以翻开史书看，那些青史留名的人，靠金钱被后人铭记和仰慕的少之又少，除非那人真的十分了不起，凭借自己的头脑和努力，做到一国首富的地步，比如春秋时期的陶朱公，再比如明朝时期的沈万三。但更多的人，他们之所以被后人记住，或者是因为才华过人写出了锦绣诗篇，比如李白，比如杜牧；或者是凭借领袖才能打下万里江山，比如刘邦，比如朱元璋；或者是凭着一腔热血保家卫国，比如卫青，比如岳飞；又或者是因为两袖清风，为官清正，比如包拯，比如于谦。当然，这并不能说明钱是无用的。如果要得到宽裕舒适的生活，那就离不开钱，换言之，打工者必须赚取更多的薪水，才能得到富足的生活。毕竟，薪水可以为我们换来柴米油盐，让我们的孩子幼有所养，让我们的父母老有所终，我们还可以用薪水支付各类费用。这个问题前面已经阐述过，在此不需要再多加赘述。

对于企业来说，薪水可以激励员工付出劳动，可以吸引有才华、有能力的员工加入企业。同时，企业支付给员工的薪水，也说明了该员工在企业领导者心目中的劳动力价值。而对于员工来说，薪水很大程度上说明了你在企业中的地位和你为企业作出的贡献。可以说，薪水的高低对劳资双方都有很重要的影响。

薪酬能用来衡量一个人的工作能力，也能用来衡量一个企业对员工的态度。随着时代的发展，薪酬还会逐渐成为衡量一个人社会价值的重要标准，但薪酬绝非衡量一个人的标准。追求高薪的人士，切勿像故事中的雅普岛人那样，进入观念误区，整日为了薪酬忽悲忽喜。越是这样的人，反而越容易情绪波动，干扰工作能力，更加不容易获得高薪。

可以为工作而赚钱，千万不能为钱而工作

薪酬固然不是衡量一个人的标准，但既然身在职场，我们所做的一切却又都跟薪酬息息相关。

为工作而赚钱很容易理解，因为这是一件很自然的事，你为企业付出劳动，企业自然会付出你报酬。你为企业创造的利润越大，企业付给你的薪水越高。你如果很喜欢目前的工作，为了保证可以继续做下去，就必须为企业创造更多的利润，这么做，你赚取的酬劳也就更多。所以，为工作而赚钱，是一件再正常不过的事情。但是各位职场人士一定切记，千万不能本末倒置，变成为了钱而工作。

虽然工作是为了赚钱，但比赚钱更重要的，是在工作中充分

发挥自己的价值，挖掘自己的潜能，为企业创造利润，为社会作出贡献，做一些于人于己于家庭于社会都有意义的事情。

刚刚步入社会走进职场的年轻人，一般而言，难免会对自己抱有很高的期望值，对薪水也会有很高的期望和要求，认为自己应该得到高薪。甚至很多年轻人喜欢在这方面进行攀比，在周围的同龄人中比较谁拿到的薪水更多，薪资高于其他人的则沾沾自喜，薪水低于其他人的则闷闷不乐，感觉面上无光。最要命的是，不只是刚步入职场的年轻人，就连很多工作多年的人都无法摆脱这种心态。

由于刚步入职场的年轻人没有社会经验，而且缺乏一定的应急能力，甚至可能连本专业的工作都缺乏实践经验，只有理论水平，所以企业不大可能会开出高薪。于是这部分年轻人就变得十分焦躁，整天抱怨企业"剥削"员工，抱怨社会收入差距过大。他们十分不满自己"廉价劳工"的身份，结果这种心态害得他们距离高薪更加遥远。

另外，如今的年轻人接触社会的渠道比前几代人更加广泛。大家从报纸、网络、电视等媒体中接收到的信息量非常大，又耳闻目睹太多周围人在社会中惨遭淘汰的残酷事实。如今的年轻人都更加现实，这样，就造成了一种现象，那就是，如今的年轻人对待工作普遍很冷漠，缺乏该有的热忱和工作热情。在他们看来，我为企业付出劳动，企业支付我报酬，这只是自己和企业的一个公平交易而已，除此，再无其他。有这种心态的年轻人，看不到工资以外的东西，久而久之，不仅自己最初对未来的美好憧憬没有了，而且还对自己和社会失去了信心，对工作也没有了热情，做事时总是采取敷衍了事的态度，觉得对得起自己拿到的薪水就行。他们从来不去考虑，这么做对自己的前途有多大的伤害；他们更加考虑不到，这么做对不对得住望子成龙、望女成凤的父母家人。越是有"对得起薪水就行"这种敷衍的想法，越不可能做好本职工作。连本职工作都做不好的人，别说高薪，能不能保住工作都是一个问题。

出现这种状况，原因在于人们对于薪水缺乏更深入的认识和理解。很多人因为自己目前所得薪水达不到自己理想要求，所以，将比薪水更重要的东西也放弃了，实在是令人惋惜。

不要为薪水而工作，因为薪水只是企业支付你所付出劳动的一种报偿方式。只有目光短浅的人，才会仅仅为了一份薪水去工作。如果没有更高远的目标，那么最终吃亏的，只是你自身罢了。

一个仅仅为薪水而工作的人，只会获得平庸的生活，因为这类人找不到成就感。虽然工资本就是工作目的之一，但是从工作中能真正获得的东西并不仅仅是薪水。

有心理学家称，金钱在达到某种程度之后就不再诱人了。即使身为求职者的你还没有那么多金钱，无法达到那种境界，但如果你够忠于自我，你就会发现金钱只是许多种报酬中的一种。你可以试着请教那些事业成功的人士，他们在没有优厚的金钱回报下，是否还继续从事自己的工作？相信大部分人的回答都是肯定的。

想要攀上通往成功的阶梯，最明智的方法就是选择一份即使酬劳不多，你也愿意做下去的工作。

为薪水而工作，虽然目的很明确，但是因为自身的短视，所以注定会遮挡我们的视线，让我们无法更清楚地看清未来的路。工作固然是为了获得金钱，进而获得更好的生活，但是在工作中发挥自己的才干也同样重要。做一件自己热爱而且有意义的事，则更重要。如果你工作仅仅是为了钱，那么你生命的价值也太低俗了些，你的人生也太无趣了些。

人生的追求不应该仅仅是满足生存需要，还应该有更高层次的精神需求。只有这样，我们才会有更强大的动力去生活，才会有更多的热情去工作。总而言之，人应该有比薪水更高的目标。

工作的质量往往决定生活的质量。无论薪水高低，工作中尽心尽力、积极进取，不但能使自己得到内心的平安，能使自己生活充实，还能为企业和社会带来回报。而那些工作敷衍了事的人，在生活中往往没有充实感，内心会感到很空虚。这正是事业成功者与失败者之间的不同之处。工作过于松散随意的人，无论从事什么领域的工作都不可能获得真正的成功。最后获得成功的人，往往是那些态度勤恳踏实，工作努力认真，经历过艰难困苦的人。

退一万步来讲，工作所给你的，要比你为它付出的更多，因为每一项工作中都包含着许多个人成长的机会。那些不满于薪水低而敷衍了事的人，固然对老板和企业是一种损害，但是长此以往，亦会埋没自己，淹没了自己的创造力，使自己失去生命力，将自己的大好前程断送，终此一生碌碌无为。因此，即使你在面临一份薪水不高的工作时，你也应该明白，这只是你报酬中的一部分，其他的报酬，你必须自己在工作中去取得。其他的报酬中包括：珍贵的经验、良好的训练、才能的提升、品格的塑造和为他人及社会奉献的喜悦感等等。这些比金钱的价值高出千百倍。

因此，在面临一份工作时，不必过分考虑薪水的多少，而应该注意工作本身带给你的报酬。譬如发展自己的技能，增加自己的社会经验，提升个人的人格魅力，通过工作实现人生价值……你所获取的工资与你在工作中获得的技能、经验和快乐相比，并不如你想象的那么重要。企业领导支付给你的是工资，而你通过工作，给自己带来的是令你终身受益的各项综合技能。

我在前面说过"一招鲜，吃遍天"，可见有一技之长傍身，于人而言有多重要。这句话也可以说明，能力比金钱更加重要。金钱或许会丢失、会被偷，但你所学到的技能永远不会遗失，更不会像金钱那样，一旦被人偷走，你自己也就没有了。相反，无论你掌握了何种技能，都能令你受益终生。你不妨多跟你身边的那些成功人士多接触下，如果他们有时间而且也不介意你的打扰，你还可以试着采访他们，听他们谈谈自己的经历。其实，很多成功人士很乐意告诉别人自己的经历，很喜欢和别人一起分享成功的经验。当你了解过他们的经历和经验后，你会发现，没有哪个人的一生一直平坦顺利，也没有谁可以一辈子站在成功的巅峰。那些成功人士也都经历过失败，步入过人生低谷，他们很多人都经历过大起大落。但他们最后又总有机会反败为胜，从低谷中再次跃向巅峰，成功步入高端。他们之所以能够在困境中反败为胜，是因为他们有过人的能力。他们可以凭借自己的能力，让自己重新回到事业的巅峰。

不要总是空羡慕成功人士所具有的各种才能，不要总是感慨自己没有那种魄力、洞察力、决策能力。要知道，没有人从生下来起就有这些天赋，这些都是经历长期的工作和生活后，学习和总结到的能力和经验。"临渊羡鱼，不如退而结网"，如果你也想获得成功，那就赶快摆正自己的心态，努力工作，努力在工作中汲取到这些你所想要的信息和知识。只有这样，你才会拥有那些成功者所具备的才能！

另外，还有很多职场人士因为步入了"为赚钱而工作"的观念误区，总觉得只要拿到那份薪水即可，因此不愿意努力工作，总有一种偷懒的心态。他们在上班时间总喜欢"忙里偷闲"，迟到、早退、闲聊、上网，趁出差进行"公费旅游"……这些"老油条"们，很少被人抓住把柄，也从不担心会因此被公司开除或者扣减工资，但他们工作多年始终碌碌无为，很难得到晋升，并且与高薪绝缘。这种人，即使在一家公司做不下去另外换别的地方，新的公司也一样不会为这种人提供更大的舞台，因为他们本身的观念，决定了他们的发展空间实在有限。

Chapter 2 什么决定了你的薪水

为什么别人的薪水比你高

在职场中，很多人有这样那样的苦恼。最令人不能忍受的一种苦恼就是——明明你每天都加班加点很辛苦很努力地工作，你总是尽心尽力完成老板交代的任务，而你的薪水却不如别人高。即使你对自己现在的薪资很满意，但如果看到做同样工作却比你薪水高的人，你心里仍有可能不平衡。古人云"不患贫而患不均"，说的就是这个道理。

但凡有此苦恼的职场朋友，在你还没解决这个苦恼的时候，你最应该做的，不是找自己的上司谈加薪，也不是考虑辞职，换一家薪资体制比较公平的企业。你应该先睁大一双善于发现的眼睛，好好看看，为什么别人的薪水比你高。在弄明白别人高薪的原因后，你才有可能获得高薪。否则，即使你再换多少家公司，你都不会比别人拿到更多的工资。

有一个《买土豆的故事》在职场人士中非常流行，如果你还没用看过这个故事，那就赶快了解一下吧：

小陈（代称）和小李（代称）是同一家大学毕业的学生。两人上学时在同一个寝室，感情非常好，毕业后又同在一个公司、同一个岗位工作，真是老天都在促成他们之间的互相帮助和扶持。两人工作都踏实认真，非常优秀。

一年之后，公司开总结表彰会。小李评上了先进工作者，而小陈却得到一个鲜红的职位聘书：部门经理。从此，小陈的薪资是小李的五倍。小李纳闷了半天：怎么我们工作岗位一样，而且工作都这么努力，却偏偏晋升他了呢？

不服气的小李直接找到了总经理："对不起，我想知道，为什么小陈的岗位职责和我一样，我们又一样地认真，一样地努力，我却只是个先进，他却升任经理。从此工资是我的五倍？"

总经理听了以后，对他说："你可不可以去市场上看看有没有土豆呢？"

小李三步并作两步跑到菜市，转了几圈，看到了一个卖土豆的老伯。然后转身赶紧跑回公司，来到总经理室对老板说："有，有个卖土豆的老伯。"

"多少钱一斤？"

小李特别委屈："您刚才没让我问土豆多少钱。"

"你可以去问问他的土豆多少钱一斤吗？"

小李又去了市场，问那个老伯："您的土豆怎么卖啊？"

"5毛。"老伯回答。

"5毛。"小李回到经理室，对老板重复老伯的话。

041

Chapter 2 什么决定了你的薪水

"他有多少土豆呢？"

小李再次委屈地小声辩解："您刚才没有让我问他有多少土豆。"

"你可以问问他有多少土豆吗？"老总问。

"有40袋。"小李再次跑了一趟。

老板笑眯眯地说："你辛苦了，看你大汗淋漓的，休息一下吧。"随即，老板拿起电话通知小陈。不一会儿，小陈便过来了。

"小陈，去市场上看看有没有土豆。"老板说。

小陈和小李招呼了声，便不紧不慢地走出了办公室。过了一刻钟，小陈回来了。他进了门对小李点头招呼后，便走到老总跟前汇报工作："今天集市上只有一个农民卖土豆，一共40袋，价格是五毛钱一斤。我跟他讨价后，他同意降低到三毛钱一斤。我看了一下，这些土豆的质量不错，价格也便宜，于是顺便带回来一个让您看看。"小李边说边从提包里拿出土豆，"我想这么便宜的土豆一定可以挣钱，根据我们以往的销量，40袋土豆我们两天就可以全部卖掉。而且，如果我们将40袋土豆全部买下的话，还可以再优惠。所以，我把那个卖土豆的老伯也带来了，他现在正在外面等您回话呢……"

老总看了看小李，笑了。小李起身来到老板面前，低头道："对不起，是我的工作没做好！我以后知道该怎么努力了。"

职场人士都希望可以"同工同酬"，但工作心态、工作能力、工作方法、执行力等等因素，往往导致了工作效率或者创造效益的不同，工作效率和所能为公司创造的效益，又往往决定了一个职员的工资高低。

工作是每个人的生存之本、发展之台，只有努力做好工作，才有可能获得更多的报酬，并能获得更多的晋升机会。在"买土豆的故事"中，小陈的工作能力显然比小李优秀得多。小陈事无巨细，一次性完成好工作，并积极主动地了解相关信息，开创性地带回样品，为预见性地购买土豆做好准备，在同样的时间里，小陈所完成的工作量是小李的五倍，所以，小陈的薪资是小李的五倍是一件非常合理的事情。而这件事，也充分地反映出小陈积极主动、灵活自信的独立人格。升任这样的人为部门经理，带领团队冲杀市场，必定能够为公司开拓出一片更广阔的天地，带来更多的效益，这也正是老总升任小陈为部门经理的原因。

在现在的市场竞争中，企业的发展最终靠的是全体工作人员的积极性、主动性、创造性的发挥。因此，拥有这些特质的人更容易得到老板的赏识，并获得高薪。要做一名优秀的员工，不能只是被动地等待别人告诉应该做什么，而是应该主动去了解自己要做什么，然后有计划地去努力完成工作。

综上所述，我们在抱怨"同工不同酬"之前，应该先检讨一下，造成这种情况，是否有我们自身的原因。

下面，我再给大家看另外一个故事：

张峰对萧齐说："我拼命地工作，却只得到这么一点薪水。我要离开这个公司！"萧齐听了好朋友张峰的话，建议道："我举双

043

手赞成你辞职，不过你现在离开，不是最好的时机。你临走之前，应该为你受到的不公待遇而报复，你一定要给这家破公司点颜色看看。"张峰问："怎么报复？"萧齐说："如果你现在走，公司的损失并不大。你应该趁着还在公司的机会，拼命去为自己拉一些客户，成为公司独当一面的人物，然后带着这些客户突然离开公司，公司才会受到重大损失，非常被动。"张峰觉得萧齐说的非常在理，于是努力工作，事遂所愿，经过半年多的努力后，他有了许多的忠诚客户。再见面时，萧齐对张峰说："现在是时机了，要跳槽赶快行动哦！"张峰淡然笑道："老总跟我长谈过了，准备升我做经理，我暂时没有离开的打算了。"

故事里的张峰，之所以最后会获得成功，是因为他经过了半年多的努力，他拼命努力工作、拼命帮公司拉客户，最终为公司创造巨大效益，还让自己成为了公司里独当一面的人物。故事的最后，张峰决定不离开自己所在的公司。至于原因，相信除了故事中所说的那样，张峰也终于明白了，只有多提高自身的不足，多努力工作，为公司创造更多的价值，才会得到重用和高薪。

结合这两个故事来看，要取得高薪，我们就要关注一下周围拿到高薪的同事，平时都是怎么做事的，自己和他们的差距在哪里，并向他们多多学习。除此之外，还要多反省自身，多付出一些努力去做好自己的工作。如果连工作都做不好，那就等于连拿到高薪的基本前提都没有！

提升工作质量是拿高薪的基础

有一个小和尚经人介绍进了一座寺庙，住持见他年幼，让其担任撞钟的职务。小和尚很听话，每天定点起床，按时撞钟。半年之后的某一天，住持突然宣布调他到后院劈柴挑水、打扫厕所，原因是他不能胜任撞钟的工作。小和尚很不服气地问："我撞的钟难道不准时、不响亮?"老住持耐心地告诉他："你撞的钟虽然很准时也很响亮，但钟声空泛、疲软，没有感召力。钟声是要唤醒沉迷的众生，因此，撞出的钟声不仅要洪亮，而且要圆润、浑厚、深沉、悠远。"听了住持的话，小和尚不禁回想起自己撞钟的日子，他的确没有想那么多，仅是"当一天和尚撞一天钟"而已，哪里想到什么"圆润、浑厚、深沉、悠远"。于是，他无言以对，默默离开了撞钟的岗位。

这虽然只是个故事，但却能给我们深刻的启迪。在我们的企业中，其实不乏"小和尚"这样的人，他们上班很准时，平时也肯加班，从不耽误工作，懂得团结同事、服从领导，表面看上去，他们十分"尽职尽责"，可这样的"好员工"却往往与提拔、奖励擦肩而过，于是，他们开始愤愤不平，开始牢骚满腹。事实上他们跟小和尚犯了一个同样的错误，那就是只满足于"撞钟"，而没去想如何"把钟撞好"。对于这样的员工，别说拿高薪了，能保住工作已经是老板看在你"没有功劳，也有苦劳"的面子上了。

想得到高薪，我们就要明白，聪明的老板不会无缘无故给人加薪。

小李在一家快速消费品公司已经工作了两年，一直是不温不火的状态。那份工作能学东西，比较锻炼人，至于薪水，也就是马马虎虎过得去。但最近和一些老朋友交流过程中，小李发现大家都发展得不错，各个都比自己收入好。这使得他开始对自己目前的状态不满意了，他开始考虑怎么和老板提加薪或者找准机会跳槽。终于，他找了一次单独和老板喝茶的机会，开门见山地向老板提出了加薪的要求。老板笑了笑，并没有理会。于是，小李对工作再也打不起精神，开始敷衍应付起来。

一个月后，老板把他的工作移交给其他员工，看样子，大概是准备"清理门户"了。小李赶紧知趣地递交了辞呈。最糟糕的是，辞职后的几个月里，小李并没有找到更好的工作。那些招聘单位开出的待遇，还不如他原来的工资。

在职场，像小李这样觉得工资太低，所以想要加薪的人不在少数。可他们在向老板提出加薪时用错了方式，最后只落得"鸡飞蛋打"的结果。很多人也都想不通一个问题——自己每天努力工作，一心想着可以升职涨工资，但是身边的人一个个都得到了提升，职位和收入都超过了自己，唯独自己，还是那点万年不变的薪酬。于是，这部分职场人士心里便开始不断打鼓：自己也该涨工资了吧？那应该是自己主动提出加薪要求还是等时候到了，老板主动给自己加薪？如果自己不提，老板会主动提出加薪吗？

如果自己提，老板会不会对自己有意见？什么时候才能让加薪这件事变得水到渠成呢？

种种想法、重重忧虑压在心头，最终导致自己心理严重不平衡，影响了工作的质量和效率，结果使得老板不满、同事抱怨，反而彻底与高新无缘。

相比小李，下面这个案例中的小刘在处理加薪的时候则要高明合理得多。

小刘连续几次在部门的绩效考核中排名靠前，但薪水始终没涨。于是他认真总结了一下，发现主要是由于自己平时在办公室里表现得不够勤奋和积极，只知埋头苦干做自己的事，不知道将工作做得更好。

从此以后，他不仅把自己的工作做好，而且尽量把工作做得好到老板的意料之外，力求工作中的每一个细节都十分完善。除此之外，他还尽量帮助同事，并适当加班。两个月后，同事、主管都对小刘的评价有了质的提升，临近年末时，小刘的工资袋比从前鼓了许多——老板不但给了他两万元年终奖金，还给他涨了工资！

从这个案例我们可以了解到，老板不会毫无原因地给员工加薪。上一个案例中的小李，最不应该的就是在他的工作没有起色、能力也不突出的时候，就要求老板加薪。我们角色换位想一下，假如你是老板，你会给一个各方面表现平平的员工加薪，增加你的运营成本吗？即使要求加薪，也得让老板认为你的付出和你为公司创造的效益足够给你加薪。如果做不到这个前提，那么提出加薪不但不会得到允许，反而是一件很危险的事。本则案例中的小刘之所以会成功，是因为他明白加薪的前提，是先做好自己的工作。不仅仅要做好自己的工作，还要比同事做得都好。如果只是跟大家一样好，那么，拿跟大家一样多的钱也是应该的，所以只有做得比别人更好，才能获得比别人更高的报酬。在加薪的问题上，老板的眼睛都是雪亮的。老板之所以是一个企业的领导，必定是有一些过人的能耐的，千万不要小看你的老板。如果你的努力达到了加薪标准，加薪是水到渠成的事；如果达不到标准，你一味要求加薪，那么被解聘的可能性也就高了很多。

提高工作质量，不但要主动工作，还要将工作完成得很漂亮。这正是高薪人士获得高薪的基础和前提，这也是高薪人士工作能力比一般人更强、更有效率的原因。他们为了追求更高的薪水、更多的报酬，必定还会继续努力。

一位善于主动工作的员工，是这样描述自己的职责的："在这个不断变化的世界里，我有责任为改变自己以及我所在的公司和社会尽力。这意味着我必须考虑到他人和我自己的各种行为与对策的长远后果。我必须努力争取双赢。我所在的公司把我看成是一个值得信赖的员工，一个能够大胆直言、提出问题和提供建议的人。虽然我正式的工作职责中并不包括这部分内容。"

若要提升工作质量，必须像这则案例中的员工一样，有正确的工作态度，让思想变得积极主动。只有思想上认识到提升工作质量对高薪而言是多么重要的事情，接下来，才能更好地完成工作。而要想工作完成得漂亮，首先就得保证不可以忽视工作中的任何一个细节，只有工作中的每一个细节都完善了，工作质量才会得到提升！

如果做到了这一点，你距离高薪也就不远了。

工作中的人际关系是开启高薪的钥匙

据统计资料表明：良好的人际关系，可使工作成功率与个人幸福达成率达到85％以上；一个人获得成功的因素中，85％决定于人际关系，而知识、技术、经验等因素仅占15％；某地被解雇的4000人中，人际关系不好者占90％，不称职者占10％；大学毕业生中人际关系处理得好的人平均年薪比优等生高15％，比普通生高出33％。

事实上有很多人都是靠人际关系才获得了更好的工作和生活。所谓"干得好，不如说得好"，正是对这种情况的一种诠释。这句话虽然不完全正确，但却有几分道理。

人际关系在生活中，是一件很重要的事，而且是一门十分高深的学问。在工作中，人际关系同样有非常重要的作用。恰当处理工作中的人际关系，是取得高薪的一个不可或缺的因素。

一般而言，没有什么人可以凭借个人力量完成所有工作。人为什么是群居动物？因为人类心理上不能承受太过孤独的生活。更因为人类绝大部分工作，必须和他人协同合作才能完成。在职场中，如果你想要更好地完成工作，获得高薪，那么，你必须学会协调工作中的人际关系。只有领导、同事、下属都理解你、支持你，你才能无论做什么都事半功倍。

想要搞好人际关系，首先需要明白，人际关系并不仅仅是指纯交易性的合作关系。当然，你的出发点可以是合作和双赢，但你不能误解人际关系的意思，将人际关系仅仅看做人与人之间的一种物质利益方面的等价交换。如果你只是想靠人际关系来换取双方的物质利益，那么，这样的人际关系根本就不成之为人际关系，这样建立起来的合作关系，也很容易破裂。

只有出发点正确，而且本着互利互惠、相互扶持的原则所促就的人际关系，才能持久发展。因为这样的人际关系，代表着友谊和信任。大家有共同的利益，有相同的任务，互相帮助，互相扶持，这样才能获得更多的工作成果。

但我们需要谨记的是，工作中的人际关系，是为了工作而服务的，我们为了更好地完成工作，必须要处理好工作中的人际关系。各位职场朋友千万不要走入误区，本末倒置，为了人际关系而忽略了工作，步入只为了人际关系而去搞人际交往的误区。只关注人际关系的人，很容易根据主观臆断做出错误的判断。这类职场人士，经常会为了升职加薪而去溜须拍马，讨领导欢心，甚至有一部分人会为了蝇头小利，就想方设法打压同事，从不配合同事，让同事无法更好地完成工作。他们想借此来显示自己过人的能力，但这样做的后果，直接导致工作完成进度缓慢，公司整体工作效率低下。长期下去，还会让整个工作环境都变得十分惹人厌烦。下面的案例或许可以让大家更清楚地了解到一些道理：

小赵因为不擅长处理与同事的关系，因此在公司里人缘不佳。一次，老板让他做一份公司规划报告。小赵为了写好这份规划，便去找财务部的同事，要求看全年的行政费用和下年度的行政经费预算。财务部的同事却拖拖拉拉，一会儿说，财务的东西不能随便给人看；一会儿说，还得先统计下结果才能告诉小赵。除此之外，小赵还需要技术部的同事提供一份技术分析报告。但是技术部的同事也只答应给，却迟迟未做。最后，财务部和技术部的同事都表示无能为力，说自己的本职工作都做不过来，根本没时间帮小赵。小赵最后只能硬着头皮写了一篇规划交了上去，老板看后很不满意。小赵不敢得罪全公司的人，因此又无法向老板做出合情合理的解释，只能为此苦恼不已。

通过以上案例，我们可以看出，如果一个人不会处理工作中的人际关系，那么这个人很难将工作圆满完成。因为，一个职场人士，除非遇到很特殊的情况，否则无论要做什么，都必须要和同事一起合作完成。一个人的力量实在有限，没有大家的支持，只凭个人力量，真的很难做出大的成绩。如果工作总是效率低下，难出成绩，如何获得高薪？

下面再给大家看一个案例：

某销售公司同事小方，因为遇到一个很难缠的客户，所以迟迟无法签订一笔5000块的销售合约。如果能得到那五千块的销售业绩，小方本月的销售总业绩就会达到50万。根据公司规定，月销售业绩达到50万，除了原本的工资和提成之外，还能额外得到一笔奖金。为此，公司所有的同事都来帮小方拿下这个客户。做文职的同事积极帮小方搜集所需要的资料；遇到过类似客户而且最后成功签约的同事，主动告诉小方应对方法和自己的成功经验。最后，小方在有了充足准备后，再次和客户洽谈，终于成功签约。他不只为公司多带来一位客户，还为自己多赚取了一笔奖金！

小方的经历说明，一个人在职场中的人际关系，决定了他工作时周围同事和他的协作关系。只有大家摒除私心、全力合作，才能更好地完成各项工作。

既然人际关系如此重要，那么，怎样才能建立起良好的人际关系呢？

我在前面已经说了，如何建立良好的人际关系，是一门很高深的学问。下面七点，或许可以给各位职场朋友带来一些帮助，能让大家在工作中，更容易建立起良好的人际关系。

1. 建立良好的人际关系，首先要有清楚的认知。职场人士必须要明白，在职场中，一个良好的人际关系，对于一个职场人士来说有多重要。并且还要将这种认知带入工作中，时刻提醒大家，不要忘了人际关系的重要性。

2. 要积极主动地向对方传递建立良好人际关系的信号。主动其实很重要，不要总觉得主动和同事搞好关系，是枉顾工作并且掉价的行为。

3. 要先了解公司的企业文化。每个企业都有自己的企业文化，亦形成了自己特有的理念和风格。一定要根据公司的特定风格，来调整自己的脾性，如果忽视掉这些细节方面的东西，将会很难融入到企业中。

4. 注意细节很重要。人际关系是很微妙的，有时候不慎说错一句话，都可能造成严重后果，让自己辛苦营造来的友好关系趋于恶化。

5. 要多审视和提高自己。没有人愿意和一个特别差劲的人主动交朋友，所以若想有好的人际关系，就必须不断提高自己。在和人交往的过程中，如果对方有什么令你不满的行为或者想法，那你就先审视自己，问问自己，遇到这些事，是否能够和对方处理得一样好。

6. 培养亲和力。人是感官动物，多数人都偏向选择那些令自己感觉十分亲切的人做朋友。一脸的凶神恶煞相，只会吓退那些想和你交往并深入了解的人。记住，在工作中要多保持微笑，要多和同事打招呼，去打水时，可以顺道帮邻桌的同事也打一杯过来。这些琐碎的细节，都是培养亲和力的最佳方式！

7. 交友要有原则。不可以为达目的，就去和那些人品有问题的人交朋友。而且，永远不要忘记"诚信"二字。如果为了和对方做朋友，就突破自己的道德底线，那实在太不应该。并且，这样的友情太过虚伪，所以，很容易导致朋友之间的关系破裂。

以上七点若全部做到，人际关系想不好都难。

随着社会经济的发展，人际关系在工作中的地位会越来越重要。哪怕你只是一名埋头工作的技术人员，也必须有同事的全力配合，才能成功完成一个项目。

综上所述，工作中的人际关系处理好了，才能更好地工作，工作的质量高了，才能得到高薪！工作中的人际关系，绝对是你开启高薪之门的一把金钥匙！

Chapter 2 什么决定了你的薪水

眼睛看到的都是你的工作

柯达的创始人乔治·伊斯曼曾经收到一位公司员工的建议书。这位员工在建议书里呼吁公司的生产部门将玻璃窗擦干净。这显然是不能再小的一件事情，但伊斯曼却看出了其中的意义，他认为这是员工工作积极的表现，所以，他立即公开给予这位员工表彰，并发给这位员工奖金。自此，伊斯曼还建立起"柯达建议制度"。迄今，柯达公司员工已提出建议 180 多万个，其中被公司采纳的有效建议有 60 万个以上。到现在，公司员工因提出建议而得到的奖金，每年都在 150 万美元以上。对公司来说，这种建议制度在降低企业产品成本核算，提高产品的质量，改进产品制造方法和保障生产安全等许多方面发挥了巨大的作用。而那个当初提出建议的员工也已经受到重用，成为柯达公司的骨干分子。

无论什么样的企业，都更欢迎那些工作积极主动的员工。一个成功的职场人士，绝对不会是"推一下，走一下"的人。他们会主动去了解自己该做什么，怎样才能做得更好，然后制订计划，全力以赴去完成。除此之外，他们大多还会积极发现一些原本不属于他们的工作，也就是他们的"分外之事"！

不过很明显，大部分职场人士并不具备这种素质，否则人人都是高薪人士了。现代心理学研究发现，当一个人觉得某件事与自己无关时，大多表现为漠不关心，而当他觉得此事应该与自己有关时，才有可能去承担相应的责任。也就是说，相当一部分人对待工作缺乏积极心态。当工作中遇到一些事时，很多人都先考虑的是这件事与我有关吗？如果这件事我没有做好，给企业带来了损失，那我能负得起责任吗？基于这种心理，很多人都会"聪明"地选择不做或者少做，毕竟"多做多错，少做少错，不做就永远不会错"。他们认为那些多做的人太傻，不懂得自我保护。这类职场人士在无意中将自己的心态弄成了工作机器，从来不主动发现工作中的问题，更不用指望他们会主动发现工作。他们只会一味地机械完成老板安排的工作。工作如果出了问题，就把责任全推给别人，甚至推给上司或者老板，并言之凿凿地说："是你这样安排，所以我才这样做工作的。"这类人严重缺乏责任心和进取心，工作态度十分消极，所以他们很难得到老板的赏识，也很难获得晋升，更难拿到高额报酬。

人不能总是小看自己，自轻自贱，觉得自己不过是个打工仔或者打工妹，不需要操那么多心，即使操心也没用，什么事都是上面的领导说了算。越是有这种观念，就越难有出息，越难在职场上获得成功。我们在工作中都必须有主人翁意识。这个不是大话、空话、套话，这是一句实实在在能帮到各位职场朋友的话。试想，只有在有了这样认知的情况下，员工才会更努力地为公司创造效益，只有好的效益才会给大家带来好的收入，一个负赢利的企业，不倒闭已经不错，还怎么改善员工的福利待遇？除了收入外，我们在工作中所积累的人脉、学习到的能力，都有助于我们个人的事业和成功。那些"拿多少钱，办多少事"的想法万万不可取。这种想法对企业来说，虽然没什么大影响，因为他们当初花那么多钱聘请你，本来就只是为了让你做那些事，但是对于职场人士自身来说，影响会很坏，会让自己丧失很多进步的机会，甚至连进取心都会慢慢消磨掉。所以，不要仅仅做那些自己"分内"的事，要把眼睛所看到的事，都当做是自己的工作。你要明白，只要你进了一家企业，那么跟这家企业有关的所有工作，其实都跟你有关，夸张一点来说，其实这家企业的事都可以算做是你的"分内之事"。

有一个叫王琦的年轻人，因为家境贫寒，没有读过多少书，所以去一家私人工厂做了车间工人。他的工友个个都比他有文化，比他显得聪明，也比他更懂得讨老板欢心。

然而，时间一久，情形却发生了变化。老板开始交给王琦一些不属于车间工人办的事情，比如去某客户那里送交一些资料，去某个供应商那里采购一些原料等。后来，老板甚至让王琦管理工厂的现金。很快，王琦学会了工厂经营管理的很多知识，也成了老板身边的得力助手。

有一天，老板问王琦："你知道我为什么如此器重你吗?"王琦摇摇头，表示不知道。

老板说："虽然你没有太多的文化，表面上也不是很聪明，但我发现你做任何事总能做到最好。你还在车间时，虽然没人天天督促你，你却总是认真负责，精益求精，你加工的产品合格率远远超出了我的期望值。后来，我让你办的其他事情，不论多脏多累，你都毫无怨言，都能认真负责去完成，做的也比其他人都要好得多。"

我们在与同事的交往中，常常能听到同事的种种抱怨之声："X总信不过我，总是不给我机会。""X经理一点也不重视我，我的能力又不比别人差。"

其实，每次你听到这些话的时候，只要仔细分析一下便不难发现，不是这位对你喋喋不休地抱怨的员工真的"怀才不遇"，而是他根本没有足够的责任心和才能引起领导的关注和重视。王琦最初引起老板注意，是因为他努力工作，并将工作落实到生产细节中，他生产的产品合格率很高，远远超出老板的期望值。那些对你抱怨怀才不遇的员工有做到这些吗？恐怕他只会遗漏工作中的很多细节，工作质量远远低于老板的期望值！如果他也像案例中的王琦一样尽职尽责，努力将一切做到最好，连很多"分外"的事情，都毫无怨言地去做，难道老板还会不重用他吗？没有一个老板会舍弃这样的人，去重用斤斤计较又对公司没有责任感的员工。

将本职工作做到最好，并多做分外之事，这才是迈向升职加薪之路的正确方向。记住，一切不是取决于你的老板，而是你自己。只有你表现好了，你的老板才会给你加薪水。

有些人只求分内的工作尽职尽责，老板、领导没有安排的工作或者是自己职责范围以外的工作从来不主动去做，这些人往往只是做一些平淡而且平庸的工作，不会有突破，更不会有建树。

无论你是管理者，还是普通职员，都不能局限于做自己分内的事。记住，眼睛看到的都是你的工作，只有抱着这种工作态度才能使你从竞争中脱颖而出。

如果你做不到这些，那你也就不要抱怨自己得不到高薪和重用。

每一个企业的老总，都希望自己的员工可以努力工作，准时上下班，尽力做好自己的本职工作。员工拿到的工资，就是老板支付的报酬。但是有的员工仅止于此，他们拿该拿的工资，做好自己的"本职工作"，其余一切从不多加过问。但也正因如此，他们每天兢兢业业在自己的岗位上工作几年、十几年，都没有得到过任何提升的机会。但是另有一些员工的命运，就完全不一样：

玛丽·史密斯，曾经在一家制造工厂当初级速记员。她的职责只是记录，然后用打印机输出来。然而，她有一双炯炯有神的眼睛，时常细致地观察生活。

公司的总部在一栋高大的办公楼里，每一层都有一个邮件槽，这些信件每个小时就被收集一次。公司多数的信件在早上整理好，其中大部分在中午投递，其中只有很少的部分才在下班时发送。如果邮件在中午投递，就能赶上西铁火车，在翌日下午早些时候就能送到。如果投递晚一点，就只能赶上从远方来的火车，第二天也不能送到目的地。

玛丽女士发现了这一点，于是，在她的职权范围之内，她要求信件在中午之前必须准备投递。

这样做的好处是不言而喻的。

公司老板听说了这件事之后，公开表彰了她，她一跃成为办公室受人瞩目的员工。而时至今日，她已成为速记部门的主管及经理助理，每月能拿到五千美元的薪水。

另外，还有一位叫史密斯的年轻人。史密斯曾经是一个批发商手下的小职员，但他并未因此怠慢工作。史密斯是一位善于观察、处处留心的人。某天，因工作之需，他在邮局等待一个包裹，但他不像别的排队者那样，呆呆地望着街上熙攘的人群毫无意义地浪费时间，而是从一个窗户探出头去，看着对面的邮箱架。他注意到，一般大小的信封被立即投放进了邮箱内，一些大号的邮件则被急躁的邮递员放下，因为这些信件并不能投进邮箱，也不易与一般大小的信件捆在一起。

约翰进一步深入研究，发现这些大号的信封被推迟投递的情况是家常便饭，而那些一般信件则可以准时到达。于是，约翰把这一情况告知老板，并建议老板，以后公司有信件需要寄出时，尽量不要使用大号信封！

这件事看上去不值一提，却让约翰在老板心中烙下了深刻的印象。后来，那个老板的生意越做越大，约翰也被老板屡次提升，成为公司高管。

只有像故事中的两位员工一样，关注细节，善于在工作中发现问题，并积极解决，才能让工作有巨大的改进，让自身也不断得到提升和进步，从而告别平庸。

很多长辈都会以"过来人"的姿态，叮嘱那些刚进入职场的后辈，"眼里看着点活"、"给别人做事，要勤快点"。他们的话大多被人抛诸脑后，如今的年轻人甚至将这看做是老一辈人"容易被剥削"、"好欺负"、"思想观念落伍"。他们认为，如今的社会是个"等价交易"的社会，老板不能"剥削"他们，他们追求个性的解放，但却经常忘记，一个不能让老板看到你是个积极努力工作的员工，很难得到晋升。初入职场的人士，如果不那么计较"分外"或者"分内"，肯不断接触事物，勤恳工作，那么，除了自己会得到很多进步之外，得到提升的机会也就多了很多。从长远发展来看，这类积极主动工作的职场人士，反而更容易有个好前途！各位，请看下则案例：

有人说，布什一生中最信任的有三个女人。第一个是他的母亲巴巴拉，她是最疼爱布什的人；第二个是其夫人劳拉，她为布什建立了一个温暖的家庭，是最爱布什的人；第三个就是卡伦·休斯，她是布什最忠诚的干将。

2004在美国大选中，当两个主角布什与克里之间的火药味越来越浓时，卡伦·休斯令共和党人大为振奋：布什的秘密武器来了。

原来3月份，美国图书界出现了一本新书——《比正常时间晚10分钟》。这本书一出版就成为热销书籍。令人注目的是，这本书的作者正是布什政坛上的"红颜知己"、前白宫顾问卡伦·休斯。

卡伦·休斯在这本关于她为布什工作十年的回忆录中，对布什做了大量正面的评论，比如说布什总统"非常幽默"、"令人惊奇"，是个"有坚韧思想"和"有领导力"的总统，以及布什善于鼓励白宫工作人员参与政治讨论等。

在书中，卡伦·休斯还驳斥了前商业部部长奥尼尔对布什的批评，说这些批评"荒诞离奇"。由于休斯是内幕知情人，她的反驳就显得相当有力。休斯还在书中披露一件事情：在一次安排摄影时，布什曾称她是"后排的高人"。卡伦·休斯以女性特有的细腻写出这一故事，其用心良苦可见一斑。在竞选策略上颇有先见之明的卡伦·休斯正在不动声色地为布什拉女性的选票。

这本书的出版，让布什团队的成员们惊喜地看到，休斯的新书及时地为正饱受攻击的布什注入了一剂强心剂。对于白宫来说，这算得上是一个意外的惊喜。

而作为布什的竞选对手，克里则总是失望地看到：无论遇到什么样的事情，布什的"战友"们都会积极呼应、挺身而出。这使得在数次面对危机时，布什的团队都会释放出不可小视的能量，总能化险为夷。

卡伦·休斯凭借对和布什相处时发生的一个细微事情的描写，为布什赢得了不少女性选票，可见细节有时候也会对人产生不小的感染力和震慑力。除此之外，卡伦·休斯和其他布什团队的成员们共同向世人展示了一个团队成员的优秀品质：积极主动地工作，超出领导期望。

遗憾的是，虽说很多人都明白，"眼睛里有活"，多做"分外之事"会对职业发展有莫大帮助，但仍然很多人不能放手这么做。这类人并非因为工作多了累了而烦，相反，他们中的很多人都想多参与一些事情，多些积累。但是每当他们做一些"分外工作"的时候，总会招来同事异样的眼光，或者很严重的抵触情绪。不做领导安排的那些"分外"工作，怕领导不高兴；做了，又不利于与同事相处。

这个左右为难的问题困惑过很多职场人士。这也更好地说明了我们上一节的问题：工作中的人际关系是开启高薪的钥匙。不过，这已经不是我们本节中所要重点了解的问题。在接下来的章节中，我会再跟大家继续分享这方面的经验。

学会有效沟通，得到上司的认可很重要

在职场中，得到上司的认可很重要。否则谁会让你升职？

在分享本章之前，我先给大家看一个案例：

在一家美资公司做行政主管的 Cindy 对与上司沟通有多重要，深有体会。公司要召开经理级会议，老板让她拟好会议日程和安排，然后下发到每位参会者手中。Cindy 很快做完了这件事，并把提纲发送到了老板的私人信箱里。临近开会前两天，老板很不满意地问她为什么还没有看到她的计划，Cindy 说三天前就传到老板的邮箱了。老板说那几天他正好和客户谈合同，很忙，所以没看电子邮件，于是提醒 Cindy 以后要注意，重要的事情应该再打个电话追问一下。

"千万别假定自己所寄发的信或传真、邮件已被对方收到。"这是教训。

案例中的 Cindy 在工作中并没有犯大错，只是工作细节做得不到位，传了电子邮件后，没有及时和老板沟通，便因此被老板批评，并被老板认为是个粗心的人。我只想通过这个案例，让各

位职场人士在工作中一定要谨记一点——一定要和上司做好沟通，搞好关系。为什么这么说呢？因为你无论是升职还是加薪，都要靠上司提拔。所以，和上司沟通，得到上司的认可，就成了决胜职场的一个关键因素。甚至可以说，和上司的关系，可以直接影响晋升。

要和上司有一个好关系，那就必须先和上司做好"沟通"。因为通过沟通，才能使你的上司了解你的工作作风、确认你的应变与决策能力、理解你的处境、知道你的工作计划、接受你的建议，这些反馈到他那里的资讯，让他能对你有个比较客观的评价，并成为你日后能否提升的考核依据。

如果你不愿意"浪费"精力和上司沟通，那么你得先好好想想：即使你再有能力，如果没有上司的提拔，你会不会得到晋升？只有得到上司的认可，晋升和加薪的可能性才会更大。

但是和上司沟通，并非一件容易的事。下面先给大家看两个案例：

小涛大学毕业后，来到一家地产公司做企划。因为专业对口，小涛工作如鱼得水，因此，他十分珍惜这份工作，可以说干劲十足。

一次总经理召集策划部门开会。会议过程中，当问到一个关于房地产客户活动策划要点时，还没等主管发言，小涛迫不及待地把自己的想法和盘托出。总经理没说什么，主管脸色却红一块白一块的。

时隔不久，小涛接电话了解某客户对策划方案的反馈信息时，主管不在，小涛就径直把意见汇报给总经理，然后由总经理传达给主管。主管接到总经理信息后，觉得自己工作没尽职，感到面子上很过不去。但是主管认为事情的根本原因在于小涛，从此对小涛"刮目相看"。此后，部门很多信息他都不让小涛得知，小涛工作顿时陷入被动，感到进退两难，步履维艰，更别指望晋升了。

一家装潢公司的老总，在气头上吩咐下属立刻打一份公函，断绝和东北一家合作公司的关系。这个老总姓潘。办公室主任邱某看着经理签发的公函，心想，潘总今天心情不好，与某公司合作已久，如果临时去找一个有信誉、有效率的供应商绝非易事，说不定潘总心情好了以后，会后悔这个决定。权衡以后，他决定把这份公函暂时压下。

后来，公司与别的几个单位在业务往来上不甚满意。潘总想起了原先的那个公司，颇有悔意。邱某闻之，便对潘总说："老板，我们为何不再找东北那家公司呢？"潘总说："我写了那封绝交函，人家还会合作吗？"邱某拉开抽屉，拿出当初那封公函，递给潘总："这封信我没有发出去，合作公司不会有什么想法。我们依然可以和他们合作。"

"噢——"潘总一愣，然后如释重负似的长舒了口气。停了半晌，又突然抬起头，问："我当时不是叫你立刻发出去的吗？"

"是啊！但我想事后你一定会后悔的，所以我就私自压下了；没有告诉您，打算等您气消后再向您汇报………"

"压了三个礼拜？"

"对！您没想到吧？"

"我是没想到！"潘总的语气出人意料地愠怒。他低下头，翻着记事本，一边查看，一边嘀咕："可是，我叫你发，你怎么能压下来？那么最近发到山东的那几封信，你也压下了？"

"我没压。"邱某委屈地说，"我知道什么该发，什么不该发……"

"你做主还是我做主？"没想到潘总霍地站起来厉声喝道。

邱某一下子惊呆了，颤抖着说："我，我做错了吗？"

"你当然错了！"

虽然是邱某挽救了公司，但老板非但不领情，反而忌恨他。

小涛和邱某之所以会在职场中遭遇挫折，正是因为他们没能和自己的上司"有效沟通"。和上司的沟通，必须站在尊重上司的基础上。小涛和邱某显然属于越权行事，邱某则比小涛更加过分，实属没有执行上司的命令，这些都是不够尊重上司的行为。想在职场稳扎稳打获得晋升，首先就要学会尊重你的上司！

但是，即使我们与上司沟通得很好，依然会遇到麻烦，因为这样很容易招来同事的白眼。很多职场人士看不惯那些与公司领导走得很近的同事，认为他们是在跟领导套关系，在拍领导的马屁，他们之所以能迅速得到晋升，能获得加薪，都是因为拍马屁的结果。其实，这类喜欢"阿谀奉承"的同事，未必就是在拍领导马屁，他们很可能仅仅是善于和领导沟通。他们通过和领导交流自己的内心想法和看法，提出对企业有建设作用的意见，帮助领导出谋划策，给领导了解下面的情况提供了很有利的帮助。长此以往，每当公司有了好的职位，领导当然最先考虑这批人了。

当然，"林子大了，什么鸟都有"，有极少数人，他们确实并非在跟领导沟通，而是纯粹的溜须拍马或者打其他人的小报告。一般而言，这类人更难得到晋升。他们晋升的机会不是没有，但是很少有上司或者老板会欣赏这类员工。上司始终更欣赏那些真正能为他办事的员工。

虽然前面我们已经都明白，跟上司沟通十分重要。但是依然有的员工，临门一脚却过不去。他们不是不明白跟上司沟通的重要意义，而是心理上有障碍，下面再给大家看一个案例：

王云宜做事认真细致，和同事、下属关系都很融洽，可她就不愿意和上司主动交流。她说她其实挺欣赏自己上司的，认为他敬业、有才华、对下属负责，但她不知为什么一见上司就底气不足，对和上司沟通的事能躲就躲。有一次，因为没有听清楚上司的意思，导致上司交给她的工作被耽搁了，上司事后问她："为什么你不过来再问一声？"她说："怕你太忙。"上司听后很生气。

时间长了，王云宜一和上司沟通就紧张，出现脸红、心跳、说话不利索的状况。大家都认为王小姐怕上司，她自己也这么认为。上司看见她这样，也就很少和她单独沟通。一次晋升的机会来临了，王小姐很想拥有这个机会，但又犹豫了，因为升职后的工作会面临比较复杂的关系，需要经常和上司保持沟通。她觉得自己天生怕领导，不知道怎样克服心理障碍。

案例中的王小姐并不是天生就"害怕"上司，而是上司的言语比较严厉，让她无法接受，后来她就越来越逃避和上司接触。

有很多像王小姐这样的白领人士，发现同领导交流时会有心理障碍，总是怕领导会怪罪自己，怕自己一句话没说对得罪了领导。

沟通中不能得到上司良好的反馈，很影响工作的积极性，也会阻碍员工和上司的"有效沟通"。所以当上司言语严厉，对你的工作反馈也不好时，你首先要试试看，能不能让上司认识到，他的态度出现了问题。如果你无法做到这一点，你就只能试着做个"厚脸皮"的人，从心理上增强受挫能力。

认识到了同上司有效沟通的重要性，你需要做的，就是增强自己与上司沟通时的底气。比如，首先你要了解自己所分担工作的具体内容，具体要求，还有发展前途，自己这项工作对本单位的发展所具有的意义，以及你是否会提出更多的解决自己所承担工作的想法和建议。这些如果都了解清楚了，我相信下次面对领导进行沟通时，是不会产生过多的"惧上"症的！值得注意的是：不论上司的言行举止是否合适，履行自己工作的职责还是最关键的。

想和上司愉快并且有效地沟通，需要不断地提高自己的沟通技能，言辞这种细节方面的事，尤其需要注意。小小的"三寸不烂之舌"，绝对不容小觑。下面，我给大家列举几个职场人士的八大黄金句型：

1. 句型：我们似乎碰到一些状况。

妙处：以最婉约的方式传递坏消息。如果立刻冲到上司的办公室里报告这个坏消息，就算不干你的事，也只会让上司质疑你处理危机的能力。此时，你应该不带情绪起伏的声调，从容不迫地说出本句型，要让上司觉得事情并非无法解决，而"我们"二字听起来像是你将与上司站在同一阵线，并肩作战。

2. 句型：我马上处理。

妙处：上司传唤时责无旁贷。冷静迅速地做出这样的回答，会令上司直觉地认为你是名有效率的好部属；相反，犹豫不决的态度只会惹得责任本就繁重的上司不快。

3. 句型：安琪的主意真不错。

妙处：表现出团队精神。安琪想出了一条连上司都赞赏的绝妙好计，让你恨不得你的脑筋动得比人家快。这时候，与其拉长脸孔暗自不爽，不如偷沾她的光，会让上司觉得你富有团队精神，因而另眼看待。

4. 句型：这个报告没有你不行啦！

妙处：说服同事帮忙。有件棘手的工作，你无法独立完成，怎么开口才能让那个以这方面工作最拿手的同事心甘情愿地助你一臂之力呢？当然是夸赞一通！而那位好心人为了不负自己在这方面的名声，通常会答应你的请求。

5. 句型：让我再认真地想一想，3点以前给你答复好吗？

妙处：巧妙闪避你不知道的事。上司问了你某个与业务有关的问题，而你不知该如何作答，千万不可以说不知道。本句型不仅暂时为你解危，也会让上司认为你在这件事情上头很用心。不过，事后可得做足功课，按时交出你的答复。

6. 句型：我很想知道你对某件事情的看法。

妙处：恰如其分地讨好。你与高层要人共处一室，这是一个让你能够赢得青睐的绝佳时机。但说些什么好呢？此时，最恰当的莫过于一个跟公司前景有关，而又发人深省的话题。在他滔滔不绝地诉说心得的时候，你不仅获益良多，也会让他对你的求知上进之心刮目相看。

7. 句型：是我一时失察，不过幸好……

妙处：承认疏失但不引起上司不满。犯错在所难免，勇于承认自己的过失非常重要，不过这不表示你就得因此对每个人道歉，诀窍在于别让所有的矛头都指到自己身上。这句话足以显示你的坦诚，并淡化你的过失，转移众人的焦点。

8. 句型：谢谢你告诉我，我会仔细考虑你的建议。

妙处：面对批评表现冷静。自己的工作成果遭人修正或批评，的确是一件令人苦恼的事。这时候你不需要将不满的情绪写在脸上，不卑不亢的表现会令你看起来更有自信，更值得人敬重。

做事一定要做到位

我们在职场中一定遇到过这样一类人：他们像一个做事机器，老板交代什么，他们做什么，但却从来不提出自己的想法和建议，而且不问结果。至于最后的成效，他们全无兴趣知道。有的人甚至干脆应付了事，将把事情做得"差不多"作为自己的最高标准，工作起来马马虎虎，敷衍了事。他们在平时的工作中，一点动脑筋将工作做得更好的意识都没有。

一个人的最大价值，体现在他为社会作了多少贡献。而工作，就是你为社会作贡献的最直接的方式。将自己的工作做好，做到位，才会对企业有贡献。一个对企业有贡献的员工，不仅能得到领导和同事们的认可和称赞，还能由此体味到成就感，同时也更能体现个人价值。

如果在工作中，不求凡事做到位，只求一个马马虎虎大概差不多，或者跟别人做的差不多，会失去很多晋升机会，还会让自己流于平庸。

思维决定行动，行动决定成败，如果我们把"做事做到位"变成一种思维定式，当成一种生活态度，进而付诸行动，那么"做成事"就会成为必然，"成功"将随我们同行。

"泰山不拒细壤，故能成其高；江海不择细流，故能就其深。"所谓大礼不辞小让，细节决定成败。想成功的人很多，但愿意把每一件事情做到位的人很少；我们不缺少策划者，缺少的是精益求精的执行者；我们不缺少各类管理规章制度，缺少的是将规章条款不折不扣的执行。所以我们必须改变心浮气躁、浅尝辄止的毛病，提倡注重细节、把事情做到位。

只有做事做到位，才更有晋升的资本。从个人收入和能力发挥的角度来看，升职也是一种"升值"，而做好眼前的事，才能给未来投资。现在已经不是捧着"铁饭碗"打瞌睡的时候了，"金融危机"警示我们：当风暴来临的时候，企业的"升值空间"决定了个人的"保值空间"。员工和自己所在的企业都在一条船上，同舟共济是最好的选择，也是每个人的职责。

只有将工作做到位才对得起这份工作，对得起这个企业，对得起自己。鉴于此，各位职场人士必须向那些高薪者学习，发扬主动工作，并务求将工作努力做到位的精神，变"要做事"为"做成事"。无论面对的工作多么枯燥乏味，"做成事"的念头都会让你取得非凡的业绩。到那时，老板自然会认可你的价值，加薪也就指日可待了。

各位职场朋友可以参见以下三点，这三点应该可以帮助大家，将工作做得更好、更到位。

1. 不等待命令

如果你习惯于"等待命令"，首先，就会从思想上缺乏工作积极性而降低工作效率；其次，你还会养成只做你喜欢的工作的习惯。一个人一旦被这些不良思想左右，他就很难要求自己主动去做事。即使是被交代甚至是一再交代的工作，他也会想方设法拖延、敷衍。事实表明，"等待命令"是对自己潜能的"画地为牢"，从一开始就注定了平庸的结局。最要命的是，这样的员工非常不被上司所看好，前景十分堪忧。

2. 工作时不要闲下来

工作中不让自己闲下来，主动找点事做，你就能更加完善自己，更容易在工作中提高自己的工作能力。如果你迅速完成一项工作后，不要将剩余的时间拿来虚度，你应该想想，有什么项目需要加上去？还需要向别人学习什么，才能使自己的工作能力得到扩大和充实？另外，在工作时间闲下来，一旦被上司和领导发现，很容易会误会你不认真工作。

3. 主动做分外的事

关于这点，我们之前的章节里已经重点阐述过了，但是在这里，我依然有必要再次提醒大家。

许多著名的大公司认为，一个优秀的员工所表现出来的主动性，不仅是能坚持自己的想法，并主动完成它，还应该主动承担自己工作以外的责任。要想成为一名优秀的员工，就必须具有积极主动的做事习惯，这种积极主动不能仅仅局限于一时一事，你必须把它变成一种思维方式和行为习惯。只有时时处处表现出你的主动性，才能获得机会的眷顾，并最终成就卓越。

好了，现在各位职场朋友明白该如何更好地将工作做到位了吗？那就努力去做吧！

观念落后可不行

本章所说的观念，简单地说，就是指我们对工作问题的认识看法和判断。从一定意义上说，工作观念决定工作态度，工作态度决定工作习惯，而工作习惯决定了我们的职场行为。我们的职场行为决定了我们在职场发展中的结果。因此，我们要树立和坚持正确的工作观念。

毫不夸张地说，观念是影响工作成果的第一要素，因为工作观念决定我们的工作绩效和个人发展。

当我们致力于如何提高工作绩效，如何解决工作问题的时候，我们不仅要从问题本身去剖析，寻求新的知识和好的方法，更应从深层次去做自我剖析，认识我们的工作观念。

但是各位职场人士要明白，仅有正确的观念是不够的。我们还不能让观念落后。

想必大家都知道微软最年轻的经理李万钧。

李万钧于 1998 年毕业于某大学电子计算机系。自觉个人性格适合做具体工作而非纯粹研究或开发的李万钧没考虑考研和出国，而是选择进入名气很大对他又有吸引力的软件行业的老大——微软公司，作为走向社会的第一步。6年过去后，他在回头看他当时的选择时，他觉得自己当初的决定给自己带来的成就，丝毫不逊于考研或出国：工作两年后，年仅24岁的他就被提拔为微软历史上最年轻的中层经理；2002年，他更因在上海技术中心出色的工作表现而调任美国总部任高级财务分析。

初进微软，李万钧虽只是技术支持中心一名普通的工程师，但他非常想干好毕业后的第一份工作。当时经理考核他的标准是每个月完成了多少任务，解决了多少客户的问题，花了多少时间在客户身上，这些都记录在公司的报表系统每月给他打出的"成绩单"上。每月得到这个"成绩单"时，李万钧才会知道自己上个月做得怎么样，在整个队伍里处于什么样的水平。他想，如果可以比较快地得到"成绩单"报表，从数据库内部推进到每天都有一个报表，从经理的角度，岂不是可以更好地调配和督促员工？而从员工的角度，岂不是会更快地得到促进和看到进步？与此同时，他还了解到现行的月报表系统有另外一些缺陷：当时上海技术支持中心只有三四十人，如果遇到新产品发布等原因，业务量突然增大或者一两个员工请病假，很多工作就会被耽误甚至直接接到客户投诉。这两方面都让李万钧觉得中心要有更快速反应的报表系统，而当时使用的报表系统是从美国微软照搬过来的，微软在美国有3000名工程师，即使业务量突然增大或有十来名员工请病假也没什么原则上的大问题。意识到这些问题后，李万钧花了一个周末的时间用 ASP——微软服务器上的一种脚本，写了一个具有他所期望的基础功能的报表小程序，并在唐骏经过工作区时展示了一下这个小程序。唐骏马上认识到这些想法和小程序的价值，他鼓励李万钧完成并花了很多时间与他探讨希望看到哪些数据。一个月后，李万钧的"业余作品"——基于 WEC 内部网页上的报表实际投入了使用，取代了原来从美国照搬过来的 Excel 报表。

李万钧设计的报表在使用中确实达到了预期的激励员工的效果。不过后来这套报表系统所起到的作用还不止于此。1999 年和 2000 年两年，业余时间里李万钧每个月都不断新增报表系统的功能。这套系统的应用范围不断扩大，后来，这个系统在欧洲也得到了采用。

由于在报表系统上出色的创新性工作，2000 年唐骏将一个重要的升迁机会给了李万钧。那一年由于有了更多企业级的产品，微软公司决定除电子邮件和电话，还在主要城市为一些大企业提供直接上门的现场服务。李万钧在报表系统方面的"副业"虽然与之并无直接的联系，但唐骏从中看到了他的一些潜在品质，认为他可以从更高的管理角度思考问题，便让他组建亚洲现场支持部。

被提升做经理以后，李万钧开始更多地从经理角度考虑如何为公司增加价值。因为技术支持的成本中心特性，要求技术支持中心既要达到一定的客户满意度，又要合理地控制成本，为此他陆续地在报表系统里增加一些财务分析的功能，比如统计在任何一个时间段内每个产品上有多少个客户的技术支持要求等。这样，企业在做未来需求与人员配备等财务预算时就有了翔实的数据信息依据。

到 2001 年时，快速发展的微软亚太技术支持中心已有 600 人，工程师分布在亚洲的各个城市，每年的预算大概是 1 亿人民币。李万钧意识到技术中心的规模决定了财务分析的重要性越来越大，便向唐骏提出，中心需要有一个小团队对亚洲地区的技术支持业务提供专门的成本控制、财务预算方面的分析。李万钧的想法得到了唐骏的支持，李万钧很自然地转任亚洲地区业务分析经理。

有了这样一支业务分析的队伍以后，技术支持中心既可以有很多时间进行内部业务的精耕细作，又可以与美国总部有更良好的沟通。2002 年 6 月，刚赴任微软中国总裁的唐骏向总部推荐李万钧做微软总部技术支持业务的高级财务分析工作，成为整个团队中最年轻的成员。目前整个微软的技术支持每年的成本是 11 亿美金，李万钧负责其中 2 亿多美金的部分，包括对合作伙伴的支持和对美国企业级客户的支持业务的预算。另一方面，他继续他在上海做的工作，负责设计全球整个产品支持的组织内部网，做一些预算和报表的机制。

尽管喜欢创新性工作，但李万钧身上更多的是技术人员和财务人员必备的务实和严谨："我想创新实际不是每天都会遇到的，你可能 95％ 的时间是把你自己的工作做好，5％ 的时间你可以创新，或者为公司增加一些利益。"李万钧的最大兴趣和最终目标是管理，"希望过五年或更长时间，有更多机会做一个综合管理者，唐总是我的一个榜样。"

除了李万钧外，相信何劲松这个名字，各位职场人士也不会陌生。

何劲松 2003 年初离开国泰君安收购兼并总部副总经理的位置，就任北京和君创业咨询有限公司总裁，立志要将之做成中国并购财务顾问第一品牌。他的决心很大程度上来自他 10 年投资银行和并购的经验，以及对自身金融创新能力的自信。

1993 年经济学硕士毕业的何劲松先是在万科房地产公司的证券部工作，这期间就参与了创证券市场先河的"万申事件"（万科善意参股申华）。但在地产公司做证券业务总感觉不过瘾，一年后，他跳到君安证券投资银行部，专业做投资银行及发行承销业务。在四五年内完成了"五粮液"、"泸州老窖"等数家公司的 IPO（首次公开募股）和再筹资大单后，他感到承销业务整个过程有程序化的规定，招股书、配股书都是规定的模板，相对来说，创新性不强，尽管他尽量从定价模式、发行方式上做一些小的创新，也曾创下三个月完成一个发行承销项目的记录（从确定企业，到国企改制、审计评估、招股书制作、证监会审查，直至发行筹资成功）。年轻的生命追求着创新刺激的兴奋感，他的视线渐渐聚焦到新兴的并购业务上。

何劲松意识到购并业务有很大的未来成长空间：证券领域创新包括一级市场（投资银行和购并）创新及二级市场（投资）创新。投资创新表现为投资产品的多样化，如各种类型的股票、基金、期货，或交易方式的多样化，如 T＋0、T＋1、买空、卖空等。但投资收益不仅取决于投资产品的组合方式及交易方式，更取决于最终投资产品（如上市公司）本身的收益及成长性。而中国早期的上市公司由于历史的原因往往并不是最优秀或最规范的，这种"先天不足"主要通过购并来调整。"购并"不仅本身成长空间很大，也有助于提升上市公司质量、优化资源配置，这又为投资创新奠定了基础。

购并处于知识交叉的领域，不仅需要投行知识，需要对行业和公司的背景研究，还要把握投资的机会。当时，君安的投行部、研究所和并购部都从各自角度参与购并活动，造成了资源的分散、业务的不完整，甚至彼此的竞争。1997年，何劲松向公司高层提交书面建议，希望将三个部门对并购业务感兴趣的员工集中到一个部门，这样，可以从公司的战略角度把并购业务的位置提高，使之成为公司的一个主要业务领域，为客户提供更好的服务、创造更大的价值。何劲松的建议获得了公司合理化建议最高奖，充满热情的何劲松也成为1998年初成立的君安收购兼并部管理人员。

投身并购业务的何劲松如鱼得水，从此开始了在金融市场上不断创新的旅程。

1999、2000两年期间为青岛啤酒设计重组方案时，何劲松创新性地提出了回购国有股和H股的手法。青岛啤酒作为上市比较早的H股公司，上市的方案不理想，采取的是整体上市的模式，公司含有大量非经营性资产，虽然主营尚可，但股权的总量很大，每股赢利较低，H股股价仅有净资产的1/3，无法达到再筹资的目标。为此，何劲松和同事为它设计了"瘦身减资"方案，公司从市场上把H股低价买回来并注销，一方面财务上有收益，另一方面给市场上一个"公司前景看好，股价低估"的信号，使H股价格回归到合适位置。国有股回购的目的也类似，以非经营性资产回购国家股，一方面减少股本，另一方面减少折旧、增加收益。何劲松希望通过这两个调整，把青岛啤酒的指标调整到再筹资的能力，然后配股。在操作过程中，证监会出了一个政策，鼓励 H 股公司增发 A 股，各种指标方面都可放宽。何劲松看准时机，带领并购部配合承销部帮青啤增发 A 股，在比较短的 5 个月时间内筹集了大概 8 个亿的资金，这些资金也用于购买"上海嘉士伯"等优质的啤酒资产，进行行业整合。

经过以上购并及筹资，青岛啤酒进入良性循环的轨道，巩固了行业龙头地位，H 股的价格也迅速回升，一年内上涨 300％以上，一直到 10 港元，成为首家 H 股价格超过 A 股的公司。更重要的是，带动了整个 H 股板块的价值回归，加速了国内外证券市场接轨进程。

2000 年底，何劲松成功地狙击了万科向华润定向增发 4.5 亿股 C 股，创新性地提出类别股东的概念。当时万科拟向华润定向发行 C 股，但问题是它每股 4.5 元的价格定价太低，只考虑了大股东的利益，而对流通股东的权益造成了损害。何劲松认为万科此次以低于 C 股市价，更低于 A 股市价，和净资产的价格增发 C 股，将明显摊薄 A、C 股股东的利益。这样他就提出类别股份及类别股东的概念，不同类别股东，背景不同，权利、义务应该有所区别。万科定向增发 C 股，应该由 C 股股东及 A 股股东分别表决，且关联股东华润应回避表决，何劲松的意见不但得到了广大基金等机构投资者和公众投资者的支持，也得到主管机关的认可。万科董事会被迫放弃了增发计划。尽管在这笔交易中华润没有得到本来可以多赚的 20 多亿元的差价收入，但却为何劲松的才识所折服，后来成了何劲松的客户。

　　除了这些个案，何劲松比较大的一个手笔是在 2002 年，他在一周左右时间内帮深圳市政府设计了一个整体重组方案，涉及深圳市七八十家的上市公司。当时深圳市政府希望对本地上市公司进行重组，提升本地上市公司质量。很多券商就单独的公司提供了建议，这些建议更多地偏向卖壳。何劲松主笔的方案更具有战略高度、更加完整、更具创新性，得到了政府领导的认可。何劲松认为：上市公司重组要结合深圳市的发展规划和产业布局，一些行业上市公司要做大，如高科技、物流等；一些行业上市公司要引进战略投资者，如金融、医药；一些行业未上市公司要尽快借壳上市，如报业、燃气、自来水、交通等公用事业；一些行业上市公司要转让退出，如商业、纺织业。对于房地产业，何劲松认为，深圳的房地产公司比较多，但没有形成有机整体，七八家公司的业务类型都比较重复，因此首先应该通过重组形成专业化公司，提升赢利能力和竞争能力，再考虑转让或吸引战略投资者。对于影响深圳整体形象、深圳市政府十分头痛的"债务累累"的"担保圈"公司，如 ST 中华、ST 英达、ST 石化，净资产都是负的十几或二十几个亿，何劲松创新性地提出了债权直接转为流通股权的创新方案。

　　深圳市本地股重组一直延续到现在，在深圳市领导的推动下，何劲松那时候提的建议开始见成效了，有几家公司都开始了转让，比如"一致药业"，它引进了中国医药业龙头"国药控股"成为新股东，并准备进行实质性重组。

目前，何劲松考虑的创新是以高于市价的价格进行主动性流通股要约收购，而不是像"南钢"要约收购中以市价的90％发出形式化的流通股要约，但由于目前该项目仍在策划中，何劲松表示不方便讲具体情况。这个案例成功实施之后，将可以真正实现证券市场价格发现、价值发现的功能。

往后看，何劲松认为创新的空间比以前更大，特别是跟香港市场联动方面，很多股票同时有A股和H股，价格存在差异，这中间创新地空间很大，以前设计的青岛啤酒重组方案只是其中一种模式。

何劲松曾经指出，创新并不是钻法律的空子，而是提前把握证券市场发展的内在趋势，突破现有的思维定式或不尽合理的外在约束，创造性地解决问题，推动法律法规的完善，加快中国证券市场的规范化和国际化，也给投资者以不断增长的丰厚回报。

李万钧和何劲松的成功，很好地给各位职场人士做了一个榜样——摆脱落后观念，与时俱进，发展创新思维！

让自己在人群中脱颖而出

对于想获得一个好职位的员工而言，能够成功地向上司推荐自己是非常重要的。

你必须让上司知道你每天在干什么，并对你有较高的评价，才能够自荐成功。许多人都以为自己只要表现好、工作好，迟早都会得到重用。但很多时候并不是这样的，老板每天都有很多事情要处理，他不可能在"日理万机"的情况下，对自己手下众多员工的方方面面都有详细了解。如今的时代，是一个营销时代！如果你还在信奉"酒香不怕巷子深"，那你就只能将葡萄美酒变为千年老窖，永久尘封。因此，要想取得高薪，必须要努力在老板的视线中脱颖而出。

在一家跨国公司里，珍妮做着打字员的工作，这是一项平凡而又枯燥的工作，但是珍妮做得很快乐。

一天中午，同事们都出去吃饭了，只有她一个人还留在办公室收拾东西。这时，一个董事经过她所在的部门时停了下来。那位董事想找一些信件。虽然这并不是珍妮分内的工作，但是她依然回答道："尽管这些信件我一无所知，但是，我会尽快帮您找到它们，并将它们送到您的办公室里。"当她将董事所需要的东西放在他的办公桌上时，这位董事显得格外高兴。

4个星期后，在一次公司的管理会议上，有一个管理职位的空缺。总裁征求这位董事的意见，这位董事想起了那位负责的打字员珍妮，于是就推荐了她。珍妮的职位一下子升了两级，薪水自然也涨了许多。

通过上面这个案例，我们可以知道，每一个老板都希望自己的员工是能够做一点分外工作的人。那些凡事抱着积极的态度，能多做一点分外的工作而绝不推脱的人，才会获得更多的机会。

除了做分外工作，并让你的老板知道你在努力做还不够。要想成功在老板眼中脱颖而出，我可以为你支几招：

1. 支持你的老板

需要注意的是，支持你的老板并不是让你去拍老板的马屁。表达对老板的忠诚，有很多种方式，拍马屁并不是最好的一种方式，有时候甚至是最下乘的方式。支持你的老板，是指在工作中努力完成老板交代的事情，并且支持老板的管理思想和工作等等。

2. 帮助你的老板获得成功

人们在追求自己的目标时，很容易忘却自己能得到这份工作的最初原因：老板认为你能为他或她的成功尽心尽力，作出贡献。

3. 解决问题

取得成功的一个重要方式是帮助老板解决难题。要明白，老板最初花钱聘请你来做事时，为的就是让你帮他解决问题！

4. 积极争取表现机会

既然你不来注意我，我就想办法让你注意我。比如公司例行向员工征集工作意见、建议，一般人都当做是走过场，敷衍填写一下，而你却认真对待，你还怕不会引起上司注意？再比如，公司召开会议时，上司征求员工对某事的意见或看法，大家都不愿意主动发言，而你侃侃而谈，分析得头头是道，你还怕无法在人群中脱颖而出？

5. 主动搜集有关公司业务性质的资料

根据这些资料，尝试提出一些方案或计划，交给上司，虽然他未必会接纳，但这可以表明你对工作的热情、主动和积极性。但必须注意的是，你需要量力而行，假如计划和你的能力相差太远，就有可能被上司认为你是自不量力。

6. 增加自己的知名度

有机会担当一些比较重要的任务时，不妨有意无意地把成绩显示出来，以增加你在公司的知名度。

这一点非常重要，因为公司是否会特别注意一个员工，往往是由于该员工在公司的知名度如何。频频被人提及的人，想不被上司注意都困难。你的上司注意你，而你又很争气地可以拿出很多功绩出来，你还怕没机会升职？

需要注意的是，担当琐碎或细小的工作时，不可把成绩向任何人显示。因为这种工作其他人也可做好，处处显示反而给人浮躁、炫耀的感觉。

7. 勇于接受任务

当你还没有完成手上的工作，上司又派给你另外的工作时，你大可为任务多而高兴，并且二话不说就接下来。

对于任劳任怨、勇于接受任务的员工，上司自然是喜欢并看重的。假如你因为工作太多而大感烦恼和沮丧，尽可以躲在家里房中大发脾气，却万不可向公司任何人吐露你的不满。因为每个公司都有不少唯恐天下不乱的人，他们如果趁机把你的不满大肆渲染，上司倒真会注意上你，可是一旦为此被他注意上，你也就完了。

8. 适时显示创造性

为了避免出错而力求面面俱到，缺乏冲劲和创造力，这种职员不过是公司里为别人做"分母"的人。凡事点头称是，并把一切都处理得妥妥当当的人，在上司心目中往往是应声虫的形象。因此，有时候提出一些大胆的建议和设想，可以加深或改变上司对你的印象。需要注意的是，在提出此种大胆的建议和设想时，经常会触及到现有的人员分配利益，对其他员工有或多或少的影响。因此，你在提出类似建议时，必须顾及其他同事的感受，不能一意孤行，为突出自己而损害了与大家的融洽关系，这样反而会适得其反。

9. 勿让小事绊住手脚

做小事不要过分执著，避免被小事情分散精力，把自己拖垮。在衡量工作的重要程度时，可以把令上司注意的项目排在最前面。因为对管理者来说，过分执著于小事，就会"一叶障目，不见泰山"，令员工迷失目标。所以，只要你认定某一目标向前行进，就不难排众而出，引起上司的重视。但是在进行琐碎工作时，不要浪费太多时间在斟酌上，尤其不要与人发生争执。因为在小事上花太多时间和精力，甚至开罪别人，日后有机会做较大的事情时，就会成为一种障碍。倘若件件小事都执著的话，很可能无法在规定期限内顺利完成工作。

10. 适度的拒绝

在服从上司命令的前提下，从公司利益出发，对上司提出的计划做出逐点讨论，而不是完全奉命。

这种适度拒绝能够显示你的创造性，真正精明强干的上司是会欣赏这种具有分析和辨别能力的员工的。只是要注意，拒绝应当有理有据，不能为显示个人能力而故作惊人之语。拒绝也应当有度，如果做得太过分的话，你就得吃不了兜着。另外，身为员工你还要学会看人下菜，对于那些庸碌、只喜欢听话的下属的上司，你只能无条件地服从他了。

业绩是拿高薪的根本

笔者通过身边一些高薪人士，了解了他们对待高薪的态度、求职方式、以及他（她）们获得高薪的方法后，最终得出一个结论——获得高薪的根本，是靠自己的业绩。

如果你只是公司里一个不起眼的一线员工，公司每年给你100万薪金，你能坦然接受吗？相信每一个有良知的人都会觉得，拿人家那么多钱真不好意思。因为他知道，自己根本无法为公司创造那么多效益！

有一位高薪朋友告诉我，他现在已属于集团高层领导人之一，他所得到的薪酬是他在上大学时想都不敢想的。目前，他对自己的工作环境、工作报酬非常满意。同时，他又说，公司也应该付给他这样的高薪，因为他给公司创造的效益，是不能用薪酬来衡量的。

笔者曾经在一个从事高级人才中介的猎头公司总经理那里了解到，在他所认识和了解的高级人才中，大家对待高薪的态度都有一个共同的看法，就是高级人才是在给企业带来高效益的同时，自己也获得了高薪酬，这就是物有所值。他说，如果一名高级人才敢向公司提出年薪30万元以上的高薪，那是因为他有能力给公司带来30倍，甚至300倍以上价值的增长。用业绩、用能力说话，是精英们能坦然面对高薪的最根本原因。

薪酬水准体现了人才的价值。企业在给高级人才增加薪酬时，看重的是高级人才的业绩。如果高级人才能为公司创造辉煌的业绩，薪酬增长则是必然的。

有大型集团的人力资源人士认为，高级人才如果想增加薪酬，他应该是在职5年当中，至少要让企业的利益提升300％以上，同时在工作中要表现出勇于承担责任，敢于接受挑战的特质。

各位职场朋友或许可以从张柏宏的经历中，了解到一些有用的信息。

张柏宏曾经刷新过80后高薪者的年龄纪录——他曾在18岁时，就被上海网游以年薪百万的身价聘请为CEO。在接受采访时张柏宏称：自己的百万年薪是一定要与公司业绩挂钩的，如果公司业绩上不去的话，百万年薪只不过是空头支票而已。"如果说有一点顾虑，就是这个薪水到底会不会结给我。一年以后，公司业绩没有达到理想的状态，到时候我就被涮了。"

张柏宏最早的理想是成为音乐制作人，他因为创作《北京土著》被上海天实网络科技公司相中，继而和这家网游公司相识。据上海天实网络科技公司创始人江宇称，原本是聘请张柏宏担任公司网游产品的音乐总监，而后因为其对网络的独特理解而做出任命其为CEO的大胆决定。张柏宏称："我觉得，人肯定都是要承担一定的风险的，其实成功就是想赢不怕输，我会努力做到最好。"

如果没有业绩，即使年轻有为如张柏宏，也得担心自己能否获得高薪，更别说很多普通人了。

下面我还有一个案例给大家看，相信这个案例带给大家的思索，跟张柏宏的案例并不一样：

有一段时间杨科长因为工作需要，经常去一家大型国企，他在那里看到了一个值得体味的现象。那家国企由于产品老化，更新换代跟不上，连工资也发不出。有一次，办公室的几个人愤愤不平，原来，研发部开发出一项新产品，还没投产，就吸引了一批订单，预计两年后可让企业回到以前的风光状态。为了奖励研发部几个人员，企业给研发部每人发奖金1万元。

本来是一件好事，大家却说不公平，研发部的本职工作就是搞研发，为什么还要另发奖金？再说，其他部门的人也没有闲着，经常加班给他们打印资料，却连正常的工资都领不到。

从管理者的角度来看，这个企业重奖做出成绩的研发人员，无疑是正确的。当然，职工的说法也不无道理，可却又有些不符合实际。现实生活中，在同一个单位，由于岗位不同，大家的薪水也有很大的差异。有些人做又脏又累的活儿，薪水却远远不及从事既轻松又体面的工作的员工。原因是因为大家为公司创造的效益不同，为企业做出的业绩不同。在企业，有技术、有才能的人，就是香饽饽，因为这种人是真正能为公司带来业绩的人。如果企业不重视研发人员，他们凭借手中掌握的企业核心技术，完全有可能被其他企业重金挖走。普通员工的工资与技术层、管理层差距很大时不要吃惊，更不要愤愤不平，想获得与他们同样的待遇，就要先让自己也能跟他们一样，可以为公司带来更高的业绩和效益。

如果你既不是普通的工人、文职，也不是研发技术人员，而是销售人员。那么，业绩就更能直接决定你的薪酬。

记住，"用业绩说话"是职场人必须坚持的信念！

细节是必不可少的高薪法宝

公元前5世纪，科斯岛上有一所希波克拉底医学学校。在那所学校里，立志从医的年轻人都要在梧桐树下宣誓，誓词就是希波克拉底誓言，这可能是最早的职业戒律：

一、对知识传授者心存感激；

二、为服务对象谋利益；

三、忠诚于自己的职业；

四、谨守职业规则。

虽时日久远，但这四条职业戒律仍适合于当今的职场。在这个职业戒律严重匮乏的时代，这四条戒律就显得尤其重要。

若要很好地做到为服务对象谋利益、忠诚于自己的职业这两条，都离不开工作中的细节。只要将细节做到位，无论是什么工作，都能有出头之日。我们就以家政市场的高端家政服务项目和高级私人管家来举例说明。近几年，在家政市场，高端家政服务项目和高级私人管家，渐渐占据越来越多的市场份额。他们用高标准的服务换来了每年12万到20万元不等的年薪。有人或许会觉得不可思议，觉得所谓的管家也不过就是保姆，为何可以拿到这么多薪水？那好，下面，我可以为大家解释一下，高级私人管家是如何工作的。

一个管家是不可能亲自在客户家里负责一切的。管家们除了是执行者还是个管理者，因为整个团队如果配合不默契的话，很可能使得优质的服务大打折扣。他们大多都是经过 3～6 个月的培训，然后经过几年的家政工作经验积累，逐步升级为管家的，他们有足够的水准来为雇主提供优质的服务。

一个简单的叫醒服务就要分为几步完成，第一个步骤是，小声地打开音乐；第二个步骤是打开窗子通风，开窗时间在 1 秒内完成。而有些人开窗非常慢而且大声，必须专门地进行训练。开窗后，如果主人已经起床，则把音乐的声音放大一些；送上一杯温蜂蜜水，可以起到美容养颜、清理肠胃的作用；计算着时间放好刷牙的温水，不能因为时间过长而冷掉。

水果洗好后不能简单地放在果盘里供雇主食用，而是要去皮后切成和雇主嘴型相符合的块状并插上牙签送到雇主跟前，不同的水果切的形状也不尽相同，比如火龙果要切成菱形，猕猴桃要切成四边形等等。

不管雇主在什么时间回来，一定要有一名工作人员在迎接，要想做到这点，必须事先与雇主的司机联系。

另外，家里的灯不能同时开到最大，因为雇主从黑夜进入房间会有明暗的反应，所以灯光要由暗到亮逐渐开启。

另外，根据对雇主生活作息和状态的了解，他们会适时地给雇主一个惊喜。例如雇主这几天工作很累，需要休息时，会有管家在浴盆里放些花瓣，让他泡一个花瓣浴，养神解乏，但这些不能和雇主商量，否则会增加雇主的负担。

　　除了服务需要打听的问题以外，不得打听雇主隐私，不得将雇主的信息在任何场合传播，就算是在公司里说给其他组工作人员听也不可以。

　　为显示诚意，每次签订合同时，管家都要与雇主签订《诚信保密协议》，规定双方保密范围和责任追究。

　　像这样高标准的服务细节还有很多，这就是管家要提供的服务。对于许多聘请了私人管家的人来说，他们是很享受这种衣来伸手的日子的。此外，高级管家还需要掌握打高尔夫、插花、茶艺、外语等等生活技能，这样才能在雇主生活的方方面面提供优质的服务。

　　我给大家列举这个案例，并不是要让大家去做管家。我只是为了告诉大家，细节对于更好地完成一份工作来说有多重要。而力求将工作做到完美，又决定了你是否能够拿到高薪。如果你是富豪，需要花钱请佣人，你愿意请普通的保姆，还是愿意请一个连每一个细节都力求做到位的高级私人管家？想必更多的人都会选择请高级私人管家。

　　如果能将每一个细节都完成得很好，即使做保姆，都可以拿到年薪十几、20万，可见，细节绝对是取得高薪的法宝。既然如此，那各位职场人士还有什么理由不去注重工作中的细节呢？

　　若你还是不信，你可以试着在平时的工作中多注意一下细节。例如，及时清理桌面：除了电脑、台历及工作资料，台面上不要有其他任何东西。当然，可以适当地保留一盆盆栽。

看完的文件立刻处理，该呈报的立刻呈报，该送进碎纸机的立刻放进碎纸机，该废物再利用的立刻归置清楚，不要堆积，更不要拖拉。

每天固定一个时间开启邮箱，不要整个上班时间都在电脑屏幕前云游。

每天提早 10 分钟上班，将一天要办的事项制成表，做完一件划掉一件。荧光笔就是派这个用途的，划掉的越多，成就感就越大，不信你试一次。

当然笔者上述只是列举，各位职场人士可以根据自身情况来检查自身，看自己平时都需要注意哪些细节。如此坚持一个月下来，你就会发现，自己的工作比以前有效率了很多。上司对你投来的目光中，欣赏的成分越来越多！

Chapter 3　细节决定薪水

什么工作细节能主宰薪水

在前面的章节中，我提到过很多次，要注意工作细节。我之所以会这么说，原因无他，只是因为细节决定薪水！你对此若有疑问，那不妨继续将这本书看下去。

首先我们先要弄明白一件事，到底哪些细节能主宰薪水？

在职业生涯中，不同的阶段，需要注意的细节也不同，所以我们必须学会分析细节。

假如你刚刚处在求职阶段，那么你此时需要注意哪方面的细节？想必大家都知道：

首先，必须注意简历。

我看过的简历中，有很多简历在细节方面都存在不足。有些简历在工作经验那里填得很简单，没有详细介绍自己具体做过哪家公司的哪个职位。有的简历虽然将公司名和职位名字填写清楚了，却没有填清楚自己的工作内容和工作职责。有的简历甚至将自己的联系方式填错。填写联系方式一定要认真,因为11位数的手机号码里,只要填错一个号码,用人单位就无法与应聘者取得联系了。最离谱的还不是填错,而是漏填,我就遇到过这样的情况。我曾经让一个来我公司面试财务工作的女孩子,现场手写一份个人简历,再另做一份一模一样的电子版简历。那个女孩子很快将这些完成了,简历看上去也不错,遗憾的是,那个女孩子忘记了填写自己的联系方式!一份简历再好,用人单位再想录用你,可是找不到你的联系方式,一切就都等于白搭。需要注意的是,简历中最好能留两个或者两个以上的联系方式。我曾见过一家学校招聘老师,一个刚大学毕业的女孩子过五关斩六将,最终被这家学校成功录用。但是问题就出在联系方式上。那个女孩子留下的手机号码迟迟无法打通,校方又找不到她其他的联系方式。如此过了一个星期后,校方便通知了另一位也很不错的应聘者。结果,这个女孩子连自己错失了一次多么好的机会都不知道!而其实,这些都不过是较为常见却又可以避免的小错误而已。

另外需要提醒大家的是,千万不要为了得到一次面试机会就编写虚假简历。被招聘方发现后,你就没机会进入这家公司了。而且对于应届生来说,出现这种情况后,还有可能影响到同校的其他同学。

另外,我们编写的简历一定要有针对性,也就是要按照招聘单位的要求突出自己的相关经历。只要你的优势与招聘方的需要吻合,并且比其他应聘者更突出,你就胜利了。

如果是通过招聘网站求职,那么编写完中文简历后,我们最好可以按照但不限于招聘网站的模板将其改编成对应的英文简历。

一定要认真对待英文简历的编写，它完全可以泄露你的实际英文水平。

简历编写完毕之后，要及时进行信息更新以保持它的时效性。如果你不想让某个公司看到你的简历，可以屏蔽掉该公司或者直接将自己的简历设置成保密状态。另外请不要一次申请同一家公司的多个职位，或者多次申请同一公司的一个职位。

如果你已经进入面试阶段，那么你需要注意的就是面试中的细节。

面试是重点环节，首先要注意的细节，就是准时。如果面试迟到，会给用人单位留下不好的印象，让面试效果大打折扣。最糟糕的是，面试官可能还担任了公司里的其他职务，比如行政部长，人事经理等等。他能留给你的面试时间或许只有短短的 10 分钟，而你一下子迟到了 15 分钟。如果这样，你即使赶到了用人单位也没用，因为你没有了面试官！如果临时有事，实在不能按时参加面试，最好提前通知招聘单位。

面试时，着装上不需要过分准备，舒服、干净、大方得体就行。一般的公司对工作人员都不会有很高的着装要求，但精神状态一定要好，饱满的精神状态会显得你很自信。

面试过程中，如果面试官针对你曾经工作时做的某个项目反复提问，那么你就需要注意了，要么面试官在这个方面特别精通，要么就是未来的职位需要用到这方面的技术。我们应该抱着一种诚恳的态度来回答，对熟悉的技术点可以详细阐述，对于不熟悉的部分可以诚实地告诉面试官，千万不要不懂装懂。

面试中遇到技术方面自己熟悉的问题，相信大家都可以侃侃而谈，甚至会越聊越兴奋。但是，你的一些肢体语言会暴露你的心理状态，你注意过吗？

面谈的时候，要与面试官保持目光接触，显示出你的友好、真诚、自信和果断。如果你不与对方保持目光接触，或者习惯性地瞟着左上角、右上角的话，会传达给对方你对目前的话题不感兴趣的信息。这样做还会显示你冷淡、紧张、说谎或者感觉缺乏安全感。

如果你对面试官的问题或者描述感觉到厌倦，对他错误的技术表达感到不屑的话，你也许正无意中在转椅子、打哈欠或者颤腿、跺脚呢！

你是否注意到当你对面试官话题感兴趣时，会不自觉地身体前倾、眼里放光，而对他的话题持反对意见或生气时会双臂交叉置于胸前？

招聘方不会通过你的简历或者电话面试就决定是否录用你，而姿势、天性的表达这些东西很难装假。一个经验丰富的面试官能比较容易地获悉你实际的心理状态。

如果对方问到某个问题你不是很熟悉，请不要尴尬和紧张。面试过程中允许沉默，你完全可以用沉默时的时间来思考。你可以用呼吸调整自己的状态。如果过于紧张，可以直接告诉对方。表达出自己的紧张情绪，能够起到很好的舒缓作用，而且紧张本来也是正常的表现。

在面试过程中，应聘者也应保有自己的权利。比如面试时间过长，从上午一直拖到下午，而你未进午餐就被要求开始下午的面试的话，你完全可以要求进餐后再开始。面试是一个双方信息沟通及达成合作目的的会谈，是一个双方彼此考量和认知的过程，所以，请不要忽略自己应有的权利。

在通过面试之后，如果有多家公司和职位可以选择的话，千万不可以草率决定进入哪家公司，做哪个职位。你可以将公司的行业排名、公司性质、人员规模、发展前景、企业文化、培训机制，结合自身的生活水平、职业生涯发展规划来进行排列，选出最适合自己的公司和职位。

你在过五关斩六将，终于获得一份工作后，仅仅是开始。

如果你已经是在职人员，那你就有更多细节需要注意，这些细节都有可能主宰你的薪水：

1. 不论你住得多么远，每天早上最少提前 10 分钟到办公室，如果是统一班车，也应提前 5 分钟赶到候车点。上班不要迟到，而且能不请假尽量不要请假。如果你还处于实习期，这点就显得尤其重要。处于实习期，也就是说还处在双向选择期。上班迟到会显得你不敬业，在双向选择期内如果频繁请假，会显得你不尊重这家公司！

2. 在任何地方，碰到同事、熟人都要主动打招呼，并且态度要诚恳。

3. 进入办公室应主动整理卫生，即使有专职清洁工，自己的办公桌也要自己清理。这一切都应在上班时间正式开始前完成。

4. 早餐应在办公室之外的地方、上班开始前的时间里完成。

5. 每天都要把必须向领导汇报、必须同别人商量研究的工作安排在前面。

6. 找领导、同事汇报、联系工作，应事前预约，轻声敲门，热情打招呼。

7. 在办公室说话做事，都不应发出太大的声音，以不影响他人工作为宜。

8. 每天上班前都要准备好当天所需要的办公用品。不要把与工作无关的东西带进办公室。

9. 下班后，桌面上、电脑里不要放置工作文件、资料。下班前应加密、上锁、关闭电源等，下班不早退。

10. 除必须随身携带的物品外，不要把工作文件、材料、资料、公司物品等带回家或者宿舍。

11. 若公司统一安排住宿，与别人同住一室，应注意寝室和个人卫生，充分尊重别人的生活习惯，彼此互相信任，友好相处。

12. 因公出差时，要绝对服从公司的人员、时间、经费、工作安排，不提与工作无关的要求，不借机办私事。

13. 与他人沟通、合作、交流、谈判时，须注意说话的语速和声调，不宜过快过大，更不能情绪失控造成不良后果。

14. 与同事、领导、客户、朋友一道乘车外出时，应礼貌后让，随手关好车门。

15. 与同事、领导、客户、朋友一同赴宴时，应礼貌让座，必要时还应协助服务员做一些事情。

16. 与领导一同外出，遇事在领导发话之前不宜抢先说话，有什么事要多帮忙，尤其注意不要添乱。

17. 平时穿着简洁大方。如有工作装，必须按要求着装。不要穿不干净的衣服上班、会客、出差。

18. 注意个人仪表，定期理发、剃须，天天擦鞋。

19. 如果工作不能按时完成或出现意外，必须及时向领导通报，寻求新的解决方法，尽量避免造成损失。

只要掌握好了求职初期、求职过程和求职成功后所需要注意的工作细节，那么获得一份满意的工作，进而获得高薪就是一件顺理成章的事。

细心的人更容易得到认可

细心，在词典里，是用心周密的意思。我们无论做什么事，光用心是不够的，还要细心。细心才能做事周密，细心才会让自己做出来的事和完成的工作独具特色。

也许太多的人，因为工作岗位比较平凡，所以总对事物的细节不屑一顾，太自信"天生我材必有用，千金散尽还复来"，却从不去考虑，我们普通人，大量的日子，都是在做一些小事。

假如每个人都能把自己所在工作岗位的每一件小事做好、做到位，就已经很不简单了，这些完美的工作细节，必将成就个人的事业和企业的高效率、高收益。我们所做的每一项工作都是从"小事"开始，要做好工作，需要各方面的互相配合，更需要和其他同事多接触、需要对自己的工作多了解、多探讨，多方位了解情况、传递信息。要想比别人更优秀，就要在每一件小事上下工夫。我们不能只看到成功人士的辉煌，而不去关注那些成功者工作中对细节的用心。对于敬业者来说，凡事无小事，简单不等于容易。把小事做细了，工作效率自然就提高了。无论什么人，认真做事只是把事情做对，用心做事才能把事情做好。如果你热爱你的工作，你每天就会尽自己所能力求完美，这样坚持下去，相信用不了多久，你就会在同事中脱颖而出，成为佼佼者。须知，每一位成功人士，都必定有自己的优势和特长。特色是由细节构成的，而细节是细心才能做到的。

　　细心不只会让你的工作做得更好，还会给你带来很多意想不到的收获；而如果不注意细节，也会给你带来意想不到的损失。

　　小钟和小宁大学毕业后，同时进入 A 企业打工。她们都是年轻漂亮的女孩子，大学又都学的文秘专业，所以两个人最初都是从普通的文职做起。两个人同样能干，没过多久，同事们便对两个女孩子交口称赞！

　　只是，随着时间的推移，小宁在公司里得到的认可远远不如小钟。

　　小宁最开始没有在意，但是随着大家对小钟的认可度越来越高，有事情喜欢找小钟，小宁终于意识到了危机。从此，小宁更努力地工作，将文件保管得十分有条理，有人找她做表格、打通知，她也会尽力做到完美，并且在办公室里笑脸迎人，努力跟大家搞好关系。有同事手头工作太忙时，她还会主动提出帮忙。久而久之，大家对小宁的评价也越来越好，小宁在公司中可谓左右逢源。但奇怪的是，年底单位评选先进员工时，大家都极力推荐小钟，最终小钟获得先进员工，并因此得到两万元额外奖金。

　　小宁百思不得其解，不知道原因到底出在了哪里。

　　不久，总经理助理小周因家庭原因辞职，公司的总经理助理职位出现空缺。办公室主任便向人事部和总经理同时推荐了小钟和小宁。但是总经理助理的职位只有一个，于是公司决定，再观察小钟和小宁一段时间，最后再做决定。

这是一个升职加薪的大好机会，小钟和小宁都全力以赴，拿出所有的精力来做好自己的工作，争取得到总经理助理的职位。三个月后，小钟顺利升职，从此成为总经理的左膀右臂，而小宁只是因为工作努力认真得到老板表彰，并得到小额加薪。

小宁越想越不服气，毕竟由于职位所限，老板即使给她每月加薪，她的职位和薪水也没法跟小钟比。她觉得自己每天勤勤恳恳工作，从不抱怨，而且力争将每件事都做到最好，并且跟大家相处的也都很好，为什么无论是老板、上司还是同事，都更加认可小钟呢？小钟的业绩也并不比自己高啊。问题究竟出在什么地方了？小宁决定找办公室主任推心置腹好好谈谈，不然她带着这个疑问，实在无法专心继续以后的工作。

李主任是一个提携后进的中年女子。她听了小宁的话后，认真仔细地回答了小宁的问题。

李主任先是问小宁："你每天都会打印很多文书和通知，但是你有没有仔细检查过你打印好以后的东西呢？"

小宁回答："每次都检查，保证没有任何错别字，而且格式也都很标准！"

李主任笑着摇了摇头："你注意过小钟打印的文件吗？她打印的文件，也是格式十分标准正确，不只没有错别字，还有很漂亮的文笔。虽然只是普通的下达文件，但是她的文件内容看起来一点也不枯燥。你如果肯细心一点，注意一下文件里面的用词，完全可以做到小钟的水准。"

小宁若有所思地点点头。

李主任继续说："其实，这只是一方面原因，只要你注意一下，还会发现你们之间有很多差距。"

小宁只有笑着请李主任继续说。

李主任又说："你还记不记得上次有位穿灰西装的李先生来见宋总，宋总要晚一点才能到公司，所以李先生就先在办公室等宋总？"

小宁点点头："记得。"

李主任接着说："那位李先生其实是我们公司一位重要客户，只是他在国外定居，难得来公司一次，上次来的时候，又没有提前跟公司这边打招呼，一个人悄悄地就来了，所以当时办公室里没人认识他。"

小宁这才吃惊道："他就是李总？"

李主任点点头："对。那天你给他倒了杯茶招待他，但是你却将茶杯倒了八分满。那位李总虽然已经很少回国内，但是对于'酒满茶半'的礼节，他还是知道的。虽然他不会因此对你有坏印象，但也不会因此夸你。小钟就不一样了。你那天走了以后，李先生的茶放凉了也没喝。小钟进办公室后看到客人面前的茶凉了，就主动提出要给李先生换一杯。她特地问了李先生一句喜欢喝什么茶。李先生常年在国外，口味比较西化，所以告诉小钟自己喜欢喝红茶，如果没有红茶那就喝杯咖啡也可以。当时公司里没有咖啡，小钟给李先生冲了一杯红茶，刚好倒了半杯茶左右。泡了茶之后，小钟还告诉李先生，说公司里没有咖啡了，如果李先生不介意，她稍后可以把自己的速溶咖啡冲给李先生喝。事后，李先生对宋总大大夸赞了小钟一把。小钟在宋总心中自然加分不少。"

小宁点点头说:"我明白了,我不是不够努力,我只是细节方面没有全部注意到。"

李主任拍拍她肩膀:"年轻人,既然知道了,以后多注意就是,机会还有很多,别丧气!"

通过上面的案例我们可以明白,细心的人更容易在工作中得到他人的认可。让自己的工作得到他人认可,是非常重要的事。否则,你的工作得不到同事或者上司的认可,你怎么可能有机会获得升迁,拿到高薪? 另外,细心不只有助于我们将工作做好,还能帮我们在面临抉择时做出正确的选择,因为只有细心的人才能注意到一件事的方方面面和每一个小的细节。而正确选择,往往是成功的一半。虽然成功来源于努力,但开始的选择是至关重要的。因为,选择是方向性的问题,而努力只是往前走的问题。只有朝着正确的方向努力往前走,才会更快取得成功。所以各位职场人士一定要记住,工作一定要细心,哪怕只是对待十分普通和平凡的工作。如果小事都做不好,老板凭什么将重要的工作交给你做?

唯美的细节是成功的要素

《商界》上曾经刊登过一篇关于统一润滑油的文章:

统一润滑油，从 20 世纪 90 年代只有几十万元规模、十几个人的小公司，做到了 2005 年 30 亿元的销售额、1000 余人的企业。而这个行业，用总经理李嘉的话说：并没有什么秘密，说到底，跟色拉油的配方差不了多少。成功的原因，同样也简单：只不过更加细心、更加努力地满足市场需要而已。

这话并不是李嘉随便开玩笑时所说，而是在最严肃的《财富》论坛上讲的。

李嘉的话，说着轻松，但要放到实际中，想要做到却不容易。因为事实上，润滑油行业的竞争是很激烈的，统一润滑油想"突出重围"绝非易事。李嘉还曾经说过："诚然，我们现在所处的行业，其竞争程度很激烈。但事实上，当今哪一个行业竞争又不激烈？当初的统一，仅在北京就有两三百个对手，不激烈？规模稍大些时，又遇国有企业、国际品牌大腕，不激烈？"

引用李嘉的说法，企业的成长与壮大离不开那些令业内人士眼花缭乱的市场轨迹，而市场轨迹不过是由无数被分解、可执行的简单片段所构成的。因此，只要我们用心去挖掘，将行业内普遍的问题和企业内特有的问题作些分析，用简单的心态，脚踏实地一个一个地解决，情况总是会越来越好的。目前存在的一些不足，我们解决一个总会少一个。但潜力能否得到挖掘，能否发挥出来，最后产生很好的效果，还要看我们自己，别人肯定不会帮你的。

统一就是做到了李嘉所说的话，所以才能取得成功。如果统一不是细心地注意产品（包括包装）的不足、渠道的模式、市场的需要，然后在别人未注意到或者虽然注意到了，但没想过要改变的情况下就开始了动作，先人一步，恐怕到现在连统一这个牌子可能都看不到了。就更别说发展到今天的规模了。

那么统一究竟是做了哪些简单的动作，令自己的销售额从几百万上升到几千万再到几个亿、几十个亿的？

动作一："加了一张像"——在包装桶上加张汽车照片，该用什么油司机一眼就清楚了；

动作二："换了一个桶"——一改国内外油桶只有一个规格，液体容量不多就少的传统和习惯，小车大车都能做到一桶刚好够，不多也不少；

动作三："圈了一堆人"——率先培训 500 个市场人员，分派到各地经销商队伍中，主攻二三线城市。但他们最初并不是兜售产品或者开发市场，而是在车场、修理场、门市向司机讲授润滑油知识；

动作四："修建一个园"——在年利润不到 2000 万元时要修建一个总预算 2.9 亿元的新厂区。厂区在刚建好时，统一想请业内的专业权威人士出席剪彩仪式，却遭到对方拒绝，理由是：不想看到悲剧发生。

统一润滑油就是这样，靠一步又一步的简单动作，一步一步走向了成功。但仔细看来，要做到这样手中总是多张牌，总比别人先一步，没有主动去寻找、细心地观察分析，一旦发现问题就马上去改变、去做的态度和习惯，统一恐怕很难达到一年几十亿的销售额。

我们先不谈统一润滑油"圈了一堆人"、"修建一个园"的做法，只说前两点——"加了一张像"、"换了一个桶"。

在包装桶上加一张汽车照片，只是一件很小的事，但就是因为这个细节的人性化，使得这个动作看起来漂亮而且完美。这样做，会很方便司机使用润滑油，如果你是司机，你会不会在林林总总的润滑油品牌中，选择统一润滑油？

"换了一个桶"的动作更加简单，统一只是在很多人注意过却从没想过改变的事情上，改变了一下，于是，销量再次获得提升。

这些都是细节问题，却将统一推向了行业龙头老大的位置！

将统一的成功经验，放到如今的各行各业，其实都可以用来作为参考。因为，无论哪个行业，唯美的细节都是成功的要素！

对于制造业的从业人员来说，必须十分讲求效率。制造业的企业员工只有主动地发现、细心地分析、迅速地一个一个地解决生产制造环节中的问题，才能更有效率地进行生产制造工作。哪怕有时看来只是一些小问题，也必须全力解决，力求完美。"九层之台，起于垒土；千里之行，始于足下"，聚少成多的道理大家都懂。只有各个环节做好了，系统性的效果才会出来。

对于服务业的从业人员来说，必须十分讲求顾客的满意度，必须尽力达到和满足顾客的需求。服务业从业者必须感受顾客的想法、感受顾客的感受、感受顾客的喜怒哀乐。只有你感受到了，你才会站在顾客的角度去想，才会提供更周到的服务。感受顾客的需求，离不开一个服务者的细心；提供更周到的服务，则离不开服务者所打造的唯美细节。

职场人士在工作中，如果将每一个细节都努力做到最好、最完美，对于企业来说，无疑是一件莫大的幸事，而对于职场人士本身来说，也会受益匪浅。相信大家都看过一个画家画画的故事，故事里的画家觉得自己画画很好，每天都会画一幅画拿到市场上去卖，一幅画卖 100 块，却无人问津。后来有位高人指点画家，让他试试用一年的时间画一幅画。那位画家听了以后，很细心、很认真地开始画一幅画，画了一年后终于画成。画家将那幅画拿到市场上后，开价 3 万，很快就将画卖了出去。这个故事里的画家，就是因为自己力求完美，既为大家画出了好画，也提高了自己的收入。

下面，笔者还可以给大家看一个案例：

在某大学城附近有很多网吧。这些网吧的很多店长在玩游戏，但却没有用更多的时间去考虑和管理网吧。

有一次，大学城及其附近大面积停电。其中一个网吧，主管人事的部长突然跑了回来。她拿一张纸，一支笔，在场内转了两个多小时，每个位置都走了 2~3 次。然后她把纸交给店长，只说了一句："明天报告给我。"就走了。

店长看了一下，上面写了 40 多处需要打扫的地方，甚至连凳子的底部、厕所凹进去的部位都写了。

那位店长很佩服那位人事部长，自问没有她细心。自此，店长也开始注意很多工作中的细小事情，细心经营店里的活动。他给自己列了这样一张表：

把每个活动都当做自己的一次生意。

活动发布的时间，要安排在星期五六，因为那两天人比较多。

要多注意分析什么时候举办什么活动最好。

注意活动中什么时候做广播最有效果。

怎么样令顾客方便参加。

需要的人员怎么调整。

活动宣传张贴出去前，要对着公告，一个个字去核对，看有没有错字。

做广播录音的时候，一定要录十几次，然后选最好的那次。

努力思考活动的道具怎么去制作。

装饰的时候挑选什么颜色也要注意到。

广告的位置、大小、标题都要注意。可以自己先做几个模板，看哪个好看。

这些都需要时间，所以店长用了比以前多很多的时间和心力来管理网吧。

那个店长一天正常上班是 5 个小时，但他在网吧的时间经常都超过 10 个小时，可他并不是在玩，而是在观察网吧里的一切事情，关注每一个细节。

那一年，网吧的营业额比往年翻了一翻，那位店长额外获得一笔奖金不说，还被升职加薪，调到公司总部担任要职。

这个案例中的店长，正是因为力求将每一个细节都做到完美，才会获得晋升。所以说，无论什么行业，唯美的细节都是成功的要素！

做好平凡的事就是不平凡

我之前说了，我们大都是平凡的人，都在从事简单而平凡的工作。但我们不可以小看自己的工作，只有把小事、简单的事、平凡的事做细做好了，才能做成大事，才能创造不平凡的价值。

在工作中没有一件事是小事，做成大事的人，往往都是从小事做起的。也只有抱着工作中无小事的态度去做自己的工作，才能对自己的工作产生兴趣，才能把自己的工作做细做好。那些认为自己所从事的不过是简单而平凡的工作，对工作中遇到的琐碎、无关紧要的小事，只是敷衍了之的人，往往什么工作都做不好。用消极的工作态度去对待工作，只会让自己在虚无中度过每一天，除了做不好工作，还会令自己对工作产生厌倦的心态，有时甚至还会产生不想工作的想法。其实不管自己所从事的是哪一方面的工作，是大事也好，是小事也罢，都应该认真对待。在平时的工作中，有些事情相对来说确实比较简单，所以会让面对这些事情的人产生一种不在乎的想法。例如，在打合同的过程中忘记注明付款时间或送货地址而楼上楼下跑来跑去，造成重复劳动；有时又因为在复制合同的过程中忘记更改付款方式，误写成送货拿支票还要受到批评。这些都是粗心造成的低级错误。

但成大事者，都是从小事做起的，即使是朱元璋，也不可能一开始就会打仗治国。只有从小事中才会锻炼自己，提高自己，使自己不断地成长，总有一天会成功。每个人都应该抱着感恩的心态，去对待自己琐碎的工作。如果你还年轻，那年轻就是你最

108

细节决定薪水——赢得高薪的方法

大的优势，因为你有的是时间。你完全可以把更多的时间花在工作上，注意到工作中的每一个细节，做好每一件看起来不起眼的小事。长期坚持下去，你就会发现，这么做是值得的，因为这些小事可以累积成大事。到那时，你会庆幸你曾经努力做过很多小事。俗话说："不积跬步，无以至千里；不积小流，无以成江海。"许多成大事之人，都是从一点一滴的小事做起的。我们必须明白，工作中并没有小事，那些眼高手低的人，永远是失败者。

IBM公司的创始人沃森曾对员工说过："如果你是忠诚敬业的人，你就会成功。只要热爱工作，就会提高工作水平，忠诚敬业和努力是融合在一起的，敬业是生命的润滑剂。"

敬业者对每一件简单事、平凡事总是怀着敬畏之心，努力做到干一行、爱一行、钻一行。他们往往不拘泥于前人的经验，不照搬别人的做法。他们对工作富于激情，始终保持良好的精神状态，把承受挫折、克服困难当做是对自己人生的挑战和考验。他们力求将每一件工作做得更好，最终成为了本行业的行家里手。

每个人都会有自己的远大理想和目标，但绝不可好高骛远，绝不可以事小而不为。要着眼于大，更要着眼于小。抓小是一个过程，要从一件件一桩桩简单事、平凡事、具体事抓起，不求其多，但求其实。无论什么工作，何种岗位，只要从小事做起，加强自身修养，注重细节养成，持之以恒，循序渐进，就一定能收到事半功倍的效果。

笔者有一个朋友，是在淘宝网做生意的卖家，相信通过她的经历，可以给各位职场朋友带来一些感触：

我那位朋友觉得，在淘宝网卖礼品是一个不错的职业。她说，有人收到远方的人给自己寄来的一份礼物和祝福时，肯定温暖而贴心。所以，她一直精心打理自己的店铺。她不希望买家收到期待已久却包装破破烂烂的宝贝，她难以想象那种失望的表情，所以，她连每一次的包装都非常细心。

我们在网上买东西，那些产品要经过翻山越岭才能到达我们这些顾客的手中。在邮递员送货的过程中，由于货物的挤压或晃动，有时候就会导致产品被损坏。我那个朋友的产品自然也不能例外。

一次，我的朋友卖出去一件玻璃质品。由于包装没经验，在快递员发货过程中，损坏了那件礼品。当买家收到货时，打电话来，很生气地问我的朋友："你怎么寄一个坏的给我朋友啊？（那个顾客当时直接填写的是朋友的地址。）"

我朋友当时用很愧疚的语言跟她解释："不是我寄坏的给她，而是可能在包装上没注意，快递运送过程中损坏了。"幸好，该买家很和气，听了我朋友的解释后，只要求我朋友退那件产品的钱给她。我朋友觉得是她自身的过错，所以很爽快地答应退钱。

经过那次的教训，我的朋友在包装上更加重视起来，之后也再没出现寄出去的产品被损坏的情况。时间久了以后，我的朋友还总结了一些对于易粹物品的包装心得：比如，打包封箱时，要注意边角的打包，要把边角开封的地方用封口胶封好，毕竟纸箱的边角，经过磨擦比较容易受损，甚至裂开。还可以在纸箱上写上详细的联系地址和联系电话。因为邮递单有可能被磨得模糊，看不清楚；在给物品做内包装时，直接用厂家配备来的包装盒，但用包装盒之前要打开看看，如果发现包装盒里还有空隙，就用一些有弹性、软质的填充物（泡沫塑料、报纸等）来填充，使物品不会上下左右移动，这样可以大大降低损坏的几率。外面用邮递专用的纸箱再包装时，同样用填充物把箱子里出现的空隙填充满。这样，可以有效地保护物品，对外界冲撞也能产生缓冲作用。当然，这样大大增加了重量，运费也就相应增加了。但如果包装到位，损坏率就极小，顾客也能收到完好无缺的产品，给顾客的第一印象就代表着对顾客的尊重和对自己工作的负责，这样才能获得良好的信誉好，而信誉，能带来许多回头客和新顾客。花点小钱就能换来顾客的肯定和店铺的口碑，何乐而不为呢？这样做也体现了朋友的细心、真诚。细心地包装，不仅能把产品包装得美观，包装得结实，让产品完好无缺地送到顾客的手中，减少一些不必要的麻烦，还能给顾客带来好心情。一些初次合作的顾客，很有可能会成为老顾客，还能替店铺做免费宣传。

我朋友的店铺，如今每月销售额都在两万元左右。这个销售额对于淘宝上数量庞大的个人店铺来说，绝对不是一个小数目。其实，我的朋友能有这个销售额，无非就是比别的店铺主人更加认真对待每一件事、每一个顾客，更关注每一个细节。甚至在包装这样看似平凡的事情上，她都绞尽脑汁下工夫。

我在前面已经多次强调，任何事情、任何工作不论如何复杂，都该是由一件件简单事、一桩桩平凡事组成的。如果因为简单、因为平凡而不加重视，不屑努力，以至放弃，那就意味着失败。

对每个人而言，一旦走上社会，从事某个岗位，就将意味着你开始做事。每个人都要有岗位，每个岗位都要有人。有道是"三百六十行，行行出状元"，你能否在岗位上成才，取决于你对岗位的热爱程度。热爱与否，关键看你是否愿意从事普通岗位，关键看你是否将每一件简单的事、平凡的事做好。要知道，一个人做事的态度，决定了他日后成就的高度。

做事的态度，往高处说，便是事业心、责任感。一个热爱事业、追求事业的人，必然是一个具有强烈事业心和高度责任感的人。在事业心和责任感的驱使下，是没有哪一件事情做不好，哪一件事情做不成功的。

细节决定成败，职场成功的智慧在于关注那些看似平凡的细节。珍视每一个细节，就是珍视自己的工作和事业。漫漫人生路，我们注意的风景有很多，忽视的细节也会很多。而要成就一番事业，必须关注事物发展过程中的每一个细节的处理。所谓细节处理，我的理解就是，要从自身工作的每一个看似平凡普通的环节，每一道流程着手，通过抓好过程，才能做好每一件看似平凡的事，只有这样，才能导致好的结果！各位职场朋友，我在此要强调一句话，也请你务必记住这句话：把每一件简单的事做好就是不简单，把每一件平凡的事做好就是不平凡。

落实细节才是真

我曾经和朋友参观过一所外资企业。当时，那家企业的人力资源部经理接待了我们。参观到荣誉室时，那位经理讲到现任老总是如何将一个普通企业打造成业绩辉煌的优秀企业，如何让企业的广大员工分享到成功的喜悦。

那么，这家企业成功的奥秘何在？我们看到了一句标语赫然入目："把每一件事都落实到细节。"

这是老总的名言，也是他的行为准则。人事经理说，他常勉励员工："一定要将领导下达的指令，落实到每一个细节上。一定要将所有的细节都做好，哪怕只是扫地这种小事，也要扫个全国第一。"

实践证明，落实是决策的落脚点，落实细节才能出竞争力。

为什么沃尔玛公司能成为全球零售业的龙头？为什么海尔集团能跻身世界 500 强？为什么北京的中国人民大学附属中学能在国内中学中处于领先地位？答案是"落实"。因为落实，他们才有了超越竞争对手的内在能力，这种能力就是竞争力。

中国人民大学附属中学的校长刘彭芝曾经说过这样一段话："校长抓工作，着眼点和着力点均应放在两头。一头是事前出思路、做计划、定目标，另一头就是事后检查抓落实。奋始怠终，修业之贼；抓而不实，等于不抓。抓落实，是务实的重要体现，是当好校长的重要条件。世界名校是干出来的，不是说出来的。"

正是基于这样的认识，1997 年 6 月人大附中确立了"国内领先，国际一流，创世界名校"的发展目标。围绕这个目标统一思想后，刘彭芝就把全部精力用在了抓落实上。

刘彭芝首先考虑的就是领导班子的建设。她说："一张蓝图干到底，关键因素在于人。我最为关注的是如何为人大附中打造一颗奔腾不息的'芯'，把创办世界一流学校变成创办百年不衰的世界一流学校。"

1998 年，人大附中的校级干部平均年龄 52.4 岁，本科以上学历者仅占 40%。

到 2004 年，人大附中领导班子的结构已经彻底改观：平均年龄由 1998 年的 52.4 岁降为 45 岁。本科以上学历由 1998 年的 40%上升为 100%，其中研究生以上学历占 33.3%，博士和硕士各为 16.7%。其中中学高级教师以上专业技术职称者为 100%，教授和特级教师占 66.7%。

这从一个侧面，让我们看到了人大附中的领导班子建设工作得到了有效的落实。也正是因为有了这一强有力的领导班子，才使得人大附中能够逐步实现他们的发展目标。

每一个组织的整体力量，都大于组织内部个体力量的简单相加。这也正是"蚁球"和"蚂蚁"的区别！组织不是组织成员人数的简单之和，而是一个有机的整体。组织的每个成员都具有落实能力，不等于整个组织具有落实能力。

20 世纪 60 年代至 70 年代中期，日本经济实现了快速的腾飞。为什么日本这个小国能迅速成为世界经济大国？人们经过研究，得出了这样的结论：日本企业之所以具有强大的竞争力，并不仅仅在于其员工个人能力的卓越；更重要的是其员工整体"团队合力"的强大。

理论和实践都证明：打造高效落实的组织，对于落实具有非常重要的意义。打造高效落实的企业，需要做好以下几方面的工作：

1. 统一企业员工的思想意识

思想是行动的先导。打造高效落实的企业，首先要统一企业员工的思想意识。将企业成员的思想统一到企业的共同价值观念上来；统一到与企业荣辱共存的意识上来。

海尔集团是人们公认的落实型的企业。这与他们注重统一企业成员的思想意识是分不开的。海尔集团的新员工一进公司，首先接受的就是海尔的企业文化培训。除了海尔集团外，很多企业也都是如此，比如，东北制药集团。

东北制药集团是以东北制药总厂为核心组建的大型国有企业集团。这家具有 50 多年生产历史的东北制药总厂曾被人们誉为"中国制药业的发源地"。然而，由于不适应市场经济的挑战，该集团在 1996 年和 1997 年连续两年严重亏损，亏损额累计高达 3.2 亿元，资产负债率为 78%，生产经营濒临绝境。

1997 年 9 月，集团组建了新的领导班子。新的领导班子组建后，便大刀阔斧地进行改革。

为了保证改革措施的顺利进行，他们做的第一件事，就是下大力气转变职工的思想观念。

改革初期，职工大批下岗。由于几十年计划经济的生存环境，早已使得这家国企职工习惯了"进了东药门，就是国家人"的生存观念和"生老病死企业管"的生存方式。因此，许多职工对于下岗非常不理解。

领导班子知道，如果不解决思想观念问题，任何改革措施都不可能得到有效的落实。为此，集团印发了一万份宣传单，并召开各种形式的座谈会，反复向职工说明这样一个道理："东药这艘大船正在快速下沉，我们大家不能挤在一起等死。暂时让一部分职工下岗，是为了使企业增强凝聚力，以突破重围，使大家将来都有饭吃，都能过得更好。希望大家在东药最为困难的时刻，多一份理解，多一份支持。"

充分的思想政治工作，转变了广大职工的思想观念。他们对改革予以了理解和支持，4200多人的下岗工作顺利地完成了。

为了保证"一年扭亏，两年微利，三年发展"目标的实现，东药集团在职工中开展了"东药的出路在哪里"的大讨论。

通过讨论，职工们认识到：东药集团正面临着一场生死搏斗，没有任何退路，也没有丝毫的回旋余地，只有卧薪尝胆，只有以比过自家的日子还要认真的态度来过好东药这个大家的日子，才能使集团最终扭亏脱困，渡过难关。

深刻的认识，使职工们增强了危机感，他们知道，企业不会再像以前那样养闲人和懒人，必须积极主动地工作，才能保住饭碗。于是，职工们工作的积极性、主动性大为增强。

东药集团原来也有管理规章制度，但三令五申也得不到很好地执行、落实，管理总是不能到位。职工们的观念转变后，企业看不到一个闲人，生产现场整洁有序。

海尔和东药的事实都说明，能不能把抓落实的问题解决好，关键还在于有没有一种精神，一种责任，一种内在的动力。如果有了强烈的忧患意识和高度的责任感，落实的问题就能解决。而这种精神、责任、内在动力，以及强烈的忧患意识和高度的责任感是要通过宣传教育培养的。

2. 明确企业成员的职位责任

有这样一个寓言故事：有三只老鼠一道去偷油。它们找到了一个油瓶。

怎样才能喝到油呢？老鼠们通过协商，达成了一致意见：轮流上去喝油。

于是，三只老鼠一只踩着一只的肩膀开始叠罗汉。当最后一只老鼠刚刚爬到另外两只老鼠的肩膀上时，不知什么原因，油瓶倒了，并且惊动了人，三只老鼠不得不仓皇逃跑。

回到鼠窝后，老鼠们开始开会讨论这次行动失败的原因。

最上面的老鼠说，我没有喝到油，而且推倒了油瓶，是因为我下面第二只老鼠抖动了一下。

第二只老鼠说，我是抖了一下不错，但那是因为我下面的第三只老鼠抽搐了一下。

第三只老鼠说，对，对，我之所以抽搐，是因为好像听见门外有猫的叫声。

"哦，原来是这样呀！"老鼠们紧张的心情顿时放松了下来，并最终得出了结论：它们都没有责任，责任在猫。

寓言中的"老鼠心态"是有现实生活基础的。实事求是地讲，我们的许多企业成员都具有这种心态，只不过是表现形式不同而已。

"无责任的自由"已经成了影响我们承担责任的主要哲学。一些人因此根本不担心自己做得好不好，因为他总能找到人或事来推卸责任。下面这个案例是许多管理学者经常引用的：

在某企业的季度考评会上，营销部门的经理高哲说："最近销售做得不好，我们部门有一定责任，但是最主要的责任不在我们，而是竞争对手纷纷推出新产品，比我们的产品好，所以我们很不好做，研发部门要认真总结。"

研发部门经理李明说："高哲经理说得没错，我们最近推出的新产品的确是少了些，但是我们也有困难呀，因为我们的预算很少，可就是这少得可怜的预算，也被财务部门给削减了！"

财务经理王阳说："是，我是削减了你的预算，但是你要知道，公司的采购成本也在不断地上升，我们当然没有多少钱。"

采购经理董震忍不住跳起来："不错，我们的采购成本是上升了10%，可是为什么你们知道吗？俄罗斯的一个生产铬的矿山爆炸了，导致了不锈钢价格的上升。"

高哲、李明、王阳听后，齐声说："哦，原来是这样呀！这样说，我们大家就都没有多少责任了，责任在俄罗斯。"

这是一个有趣而且很能切中要害的案例，难怪国内外许多培训机构的讲师们愿意引用。

为什么会出现这种互相推诿，不愿意承担责任的现象？一个非常重要的原因，就是组织内部的分工不明晰。如果分工明晰，想推卸责任都难。

3. 激励企业成员的工作热忱

热忱是一种具有矢量性的精神力量，是人们奋斗的源动力。实践证明，卓有成效的人，都是对工作怀有满腔热忱的人。因此，打造高效的落实组织，除了要明确企业成员的职位责任，还必须能将企业成员的工作热忱调动起来。

如何调动企业成员的工作热忱？激励，是一种重要的途径与方法。那么，怎样用激励来调动组织成员的工作热忱呢？常用的方法如下：

（1）目标激励

目标激励，是指用确定的、具有社会意义的、符合人们切身利益的、科学可行的目标，也就是通过奋斗能够获得的成就或结果，来激发下属的行为动机，使他们产生旺盛的奋斗精神和落实动力。

心理学家的实验研究表明，目的性行为的效率明显高于非目的性的行为。因为当人们明确了可能达到的目标，就会为达到目标而努力。比如，一个万米赛跑运动员，当人们告诉他还剩一千米，再加把劲，就可夺得金牌时，即使他身体某部位疼痛，他也会咬牙加快速度完成最后的冲刺。

运用目标来激励组织成员，关键要注意设置好目标。一般说来，目标的设置，要注意以下几点：

首先，目标的设置要高低适宜。心理学家曾把目标激励比作摘桃子，桃子吊在空中，怎样才能调动人的最大积极性呢？坐在地上举手可得，绝对不行，因为目标太低，缺乏"挑战性"；跳起来摘不到也不行，因为目标太高，会挫伤人的积极性。只有奋力跳跃方能摘到的高度，才是最合适的。这一点，可用八个字来概括："伸手不及，跃而可获。"只有这样，才能最大限度地调动人的积极性。

其次，目标的设置要总分结合。设置总目标，可使下属感到工作有方向，有奔头。但因为总目标的实现常常是一个长期的、复杂的甚至是曲折的过程，所以，在运用目标激励这一激励方法时，仅设置总目标是不够的。它容易让人感到遥远和渺茫，可望而不可即，从而影响人的积极性的充分创造发挥。因此，目标的设置要总分结合。也就是说，在设置总目标的同时，设置若干适当的阶段性目标。通过逐个实现这些阶段性目标来达到总目标的实现。这一点，可用六个字来概括："大目标，小步子。"这样才能持续地调动下属的积极性。

最后，目标的设置要实在具体。目标有大有小，有远有近，但不论何种目标，都不能是虚幻的，而必须实在具体。只有实在的目标，才能使下属相信；只有具体的目标，才能对下属产生吸引力。

（2）许诺激励

许诺激励，就是领导者通过许诺某件事，如职务的晋升、职称的评定、工资待遇的提高以及荣誉、记功等等，来调动企业成员的积极性。

企业成员的积极性，从根本上来说，来源于他的物资、精神需要。当企业成员产生了某种需要，他就会形成行为的内在驱动力，这种驱动力又使他产生一系列的行为去实现既定的目标。而这个目标能否实现，与领导者有着密切的关系。因为领导的许诺往往是目标实现的一种保障，所以，下属总是希望得到领导者的许诺，哪怕是只言片语。那么，领导者在工作中如何掌握好许诺激励这一方法呢？

首先，许诺要适度。适度，是许诺激励的关键。许诺过高，就会"失信于民"。假如一位领导说，小伙子，好好干，干好了能当总理。这是不能调动积极性的，因为目标无限大，而实现的可能性等于零，所以调动不了积极性。许诺过低，则形不成激励因素，许诺形同虚设。比如，一位领导说，大家好好干，干完之后免费供应空气。这也不能调动积极性，因为目标价值等于零。所以，我们在许诺时，一定要掌握好许诺的度，就是要给他确定一个比较切实可行的目标。

其次，许诺要适宜。这里所说的适宜，是说许诺要符合不同下属的需要。对于一位没有权力欲望的下属，你用授予权力的许诺是很难激励他的。

江西有个工厂，由于产品质量有问题，连续亏损了17年。后来改进了产品质量，工厂转亏为盈。但随着订货数量的加大，工人常需要加班加点。星期天加班不算，就连过春节，厂长还宣布不休息，发40元奖金作为补偿鼓励。

这一措施引起许多职工的不满，尤其那些单身汉们，为此事特别恼火。他们找到厂长，对厂长说："你能不能积点德？我们好不容易找了个对象，你星期天不休息也就算了，春节还加班，要是对象吹了，怎么办？"

厂长说："我体谅你们的困难，但订货多，任务紧，你们说怎么办？"

工人说："如果我们超额完成任务，你能不能给我们假日奖励。你们当领导的天南海北都跑遍了，让我们工人也出去开开眼。"

厂长采纳了这条意见，宣布只要完成任务，超额30％的给三天假期，超额200％的给两个星期假期。这个措施一宣布，中午吃饭，食堂人少了，带上两个馒头在车间吃；5点钟下班，你往外轰他也不走，他要超额。

为什么没有了加班费，工人的积极性反而高了呢？原因很简单，因为假日最适合他们的需要。

最后，许诺要兑现。下属对领导的许诺总是非常认真的。如果你许诺了，一定要兑现，否则，不仅起不到激励下属的作用，还会使你失去威望。

宋太祖时，曾经发生过这样一件事：

有一次，宋太祖答应让张思光做司徒通史的官，张思光很高兴，天天等待正式的任命，可是日复一日，年复一年，却迟迟不见任命的通知。张思光失去了耐性，便想了一计，故意骑一匹很瘦的马到宋太祖的面前。

宋太祖看张思光骑的马那么瘦，很吃惊地问："你的马太瘦了，一天吃多少饲料呢？"

张思光回答说："一天一石。"

听了张思光的回答，宋太祖更不理解了："不可能吧！既然给那么多的饲料，马怎么还会这么瘦呢？"

张思光说："我答应一天给它一石，而实际上，我并没有给它那么多。"

宋太祖听出了话中有话，不久就下旨任命了张思光。

要说宋太祖的记性还不错，张思光一暗示，他便明白了。如果不是这样，张思光肯定会灰心丧气，工作起来也不会卖力气。

由此可见，不能轻易许诺，许诺就要兑现。

（3）逆反激励

人都有自尊心、自爱心、荣誉心，也有虚荣心和好胜心。逆反激励，就是有意识、有目的地运用富有刺激性的语言，将工作对象的这种心理激活，使其改变原来的态度。这种方法俗称"激将法"。

有一家造纸厂，改革用人制度，在厂内张榜招聘车间主任。

招聘榜贴出后，人们都把目光对准了技术员小黄。大家觉得他有技术，懂管理，应该站出来揭榜，但小黄却犹豫不决。这时候，退休了的工会主席走到了小黄面前，对他说："大家都以为你挺有出息，没想到，你是这么个窝囊废，连个车间主任的位子都不敢接，不知道你是怎么上的大学，怎么当的优等生！"

"我是窝囊废？"工会主席的话还没说完，小黄就跳了起来，说，"我非干个样儿来让你看看不可！"说着，就上前揭了榜。

小黄有当车间主任的能力，但却没有勇气"毛遂自荐"。但这时候要是正面劝说鼓励，恐怕很难收到实效。工会主席很清楚这一点，因此，便采用了逆反激励的方法，有意"贬损"他、否定他。工会主席的锐利言辞"触伤"了小黄的自尊心，有血性的汉子怎么能受此"窝囊气"？他要挽回面子，他要证明自己的能力。于是，他勇敢地站了出来。当然，工会主席的激励目的也达到了。

逆反激励运用得好，可以事半功倍；运用得不好，则会伤害被激励对象的情感。怎样才能运用得好呢？关键在于审时度势，切中要害，采用最有效的"激活剂"。具体说来，要注意如下几点：

首先，要了解激励对象的性格。逆反激励并不适用于任何人。一般说来，它多适用于那些性格刚烈，自尊心、荣誉心或者好胜心很强的人。这种人大多都喜欢别人看重自己，希望自己超过别人。因此，激励者用带有刺激性的语言一激他，十有八九会成功。但如果工作对象性格懦弱，内向，做事谨小慎微、自卑感强，没什么荣誉感，刺一千锥子也不出血，整个儿是一个麻木不仁者，逆反激励是没有用武之地的。因为富有刺激性的语言会被他们误认为是对他们的挖苦、嘲弄，并极有可能导致怨恨心理。所以，运用逆反激励，必须了解激励对象的性格。例如：

泰勒是第二次世界大战中美国的一名海军军官，他曾经用非同寻常的审讯方式，从一名纳粹分子的口中获得了德军机密。

当时号称"狼群"的德国潜艇在大西洋上横行一时，对盟军的海上运输构成严重威胁。更令人感到吃惊的是，德军还研制了一种感音鱼雷，即将投入战斗。盟军派出了大量的情报人员想搜寻有关的情报，但都一无所获。

不久，美军在大西洋击沉了一艘德国新式潜艇，碰巧有一名自称汉斯的军官曾参与了感音鱼雷的研制工作。他被俘后，美军采取了各种各样的审讯措施，但汉斯立场顽固，软硬不吃。最后，美军把任务交给了海军军官泰勒。

泰勒会说流利的德语，知识渊博，灵敏机智。他不把汉斯当做俘虏反而与之交上了"朋友"。通过接触，汉斯十分佩服泰勒的风度。

一天，泰勒邀请汉斯下棋，两人边下边谈，十分融洽。"你为什么不审问我?"汉斯提出了他一直想问的问题。

"你不过是一名普通军官，有什么好问的?"汉斯不屑一顾。

"你错了，我是一名经过专业训练的优秀的鱼雷军官!"高傲的汉斯有点被激怒了。

"得了吧，老弟，就你那三流海军，还有什么鱼雷?"泰勒更轻蔑地摆了摆手。

"请不要小瞧我们，我们不但有鱼雷，还有比你们更加先进的感音鱼雷!"汉斯有点控制不住了。

"哈哈，感音鱼雷，你别编神话了。"泰勒用嘲讽的大笑刺激汉斯。

汉斯终于再也忍不住了，顺手抓过一张纸，画出了鱼雷的原理图，以证明自己没有讲神话。

就这样，美军终于获得了感音鱼雷的秘密，研究了对策，使德国这一新式武器没能发挥出任何威力。

泰勒激将成功，就在于他了解汉斯的高傲性格。高傲的人最怕的莫过于别人看不起自己。因此，当泰勒以"轻蔑"的态度、"轻蔑"的话语刺激他时，强烈的自尊心便使得他说出了本不该说、也不会说的话来。

其次，要选准激将的时机。激言不是在什么时候说都能取得好效果的。时机过早或过晚，都难见成效。因此，运用逆反激励时，一定要选准时机，即选在工作对象对问题有了一定的思考，但还没有下决心行动时。在这种犹豫不决的时候，激励者适时地撒下"催化剂"，就会很容易取得成功。例如：

第十五混成旅旅长兼大名镇守使孙岳是冯玉祥滦州起义时的同仁。他思想进步，倾向革命，但在军阀混战中几度沉浮，颇不得志。

1924 年秋，冯玉祥在北京南苑修建的昭忠祠落成，孙岳前来致祭。祭罢，冯玉祥陪他到墓地凭吊。孙岳黯然伤神，连连叹道："唉！民国成立不过十来年，这里已躺下这么多弟兄了。"

言者无意，听者有心。冯早欲联孙携手革命，遂神情戚戚地附和道："他们为国捐躯，落得一个'忠'字，也算不朽了。"冯孙两人多年相契，是无话不谈的挚友。冯接着放出试探性的话语，说："他们死了，尚能落得一个'忠'字。孙二哥，将来你百年之后，人当如何称你？"

"那还用问，一个不折不扣的军阀罢了。"

"你拥兵数千坐镇一方，为何甘做人家的走狗？"

冯玉祥有意触动他的痛处，不料孙却不以为然，说："我算什么，有人带兵三四万，不也做着军阀走狗吗？"

善于察言观色的冯玉祥见时机已到，就大发感慨道："目前这个局势，我看稍有热血良心的人，没有不切齿痛恨的。我部名为一师三混成旅，实则枪不足三万条，处此境地，未可莽撞，但我们必须共同努力，将这批祸国殃民的走狗统统推翻，不然的话，何以对得起自己，又以何面目回报创造民国的先烈？"

一席话激得孙岳热血沸腾。两人当场商定：同舟共济，共创大业。

最后，要注意语言的分寸。并不是什么语言都可以激发起对方情感的。太刻薄，容易形成对抗心理；而语言柔弱无力，不痛不痒，则又难能让对方的情感产生波动。因此，在使用逆反激励方法时，在用语上要把握分寸，注意言辞的"度"。既防止"过"，又避免不及。请看下面的故事：

重阳节，即将退休的老李被领导请来陪已退休的老干部。酒过三巡，各领导轮番把盏。老李不胜酒力，偏巧"一把手"提壶敬酒。老李千推万辞不接受，该领导想请将不如激将。于是，就说："这人老了，就是这样，这里工作没人要，那单位也推，这不，一杯酒都喝不好，还能干好工作！"

老李平时工作出色，历任大小干部，只是近年照顾到某单位过渡到退休，并无这推那辞的事。可他上进心不减当年，经"一把手"如此一说，气不打一处来，当场要他交待"这也不要，那也推辞"的事实。众人劝说不住，该领导也自讨没趣，老李摔杯愤然而去。

故事中这位领导就没有很好地掌握"激将法"的度，超过了对方的接受程度，使激发变成了揭发。老李认为，领导是借敬酒为名，当众揭他短处，有意欺他年迈无能，敬的是一杯苦酒。实际上，该领导的用意是激他一激，让他再喝一杯，把气氛调得浓浓的。但因激将不当，自找了没趣。

（4）行为激励

所谓行为激励，就是领导者用自身的行为给组织成员做出榜样。

古人云："其身正，不令而行；其身不正，虽令不从。"这话的意思是说：做领导的，要是本身行为端正，即使不发布命令，下面的人也会去干；如果自身的行为不正派，即使出了教令，人家也不会听你的。

事实的确如此，作为领导者，如果他作风正派，廉洁奉公，言行一致，秉公办事，严于律己，那么，他一定会博得下属的尊敬和信服，他下达的计划、指示，便是无声的命令，群众也会以高昂的热情去努力工作。否则，就会失去号召力，群众的工作热情也就可想而知。

难怪人们说："喊破嗓子，不如干出样子。"若是自己每日颓丧，又怎能激励起下属的工作热情？所以，领导者要想调动组织成员的工作热情，首先自己就要对工作有满腔的热忱。

4. 培养企业成员的落实能力

在让员工有了落实工作细节的概念和意义，并认可了这种观念后，还要培养员工的落实能力。这样才能真正打造出一个将工作落实到细节的企业。否则，你用各种激励手段，凭借各种高超的管理能力，让员工认同你也愿意跟你做事，愿意将你的一切命令执行到位，可他们却缺乏落实能力，那一切都只是空谈。

走出低薪困境

很多职场人士都有类似的抱怨：

根据职场指南努力工作，但为什么做的多却得的少？老板是怎么考核员工绩效的，我这么高的技术才只拿了 3000 元？薪资低不说，工作也不是很合心意，想跳槽却担心可能现在的薪资水准都不保。我"起得比鸡早，睡得比狗晚，干得比牛多，吃得比猪差"，"老板对我太差了"。这些话就是低薪者的心声，也是一个不争的事实——大多数人都在抱怨钱太少，大多数职场人士都在抱怨工资低。

有研究结果显示，绝大多数"低薪人"所获得的薪资不是他们真实职业价值的体现。他们中的一些人，本身有着很强的工作能力，却因为这样那样的原因使得他们自身的价值没有得到充分的体现。问题出在哪儿，应该怎么样去解决，如何才能找到自己的职业价值点，怎样才能得到高薪，是时下很多求职者急于弄明白的问题。

如果你是一个很有能力，却因种种原因无法在本单位得以施展抱负的职场人士，你是不是在想着跳槽了？但是跳槽需要慎重，否则后果得不偿失，大家请看下面的案例：

高婕于 2000 年毕业于国内某重点大学的市场行销专业，为了进一步提升自己的专业知识，她决定走出国门继续学习进修提高学历，这样就会让自己今后在职场中更具有竞争力。

經過兩年多的努力學習，她順利拿到了澳大利亞一所世界知名大學的行銷管理碩士學位。高婕回國後直接選擇了上海，經過一段時間的調整適應之後，她終於找到了回國後的第一份工作，可是這份工作她並不滿意：在一家中美合資的外貿公司做市場部經理助理工作，薪資達到了 5000 元，雖然不低，但和她的期望值還有一定距離。最痛苦的事情是，同樣是經理助理工作，她一個朋友所在公司的工資雖然一般，但總比現在的工作更有鍛煉意義——現在的工作有時感覺簡直就像一個秘書，自己的專業知識根本沒有得到應有的尊重和重視。

她想跳槽，但她知道初入國內職場就頻繁地跳槽對自己沒有任何好處，而且老板、同事和公司發展都還不錯，於是在接下來的時間裡，高婕希望用更加努力的工作換取老板的信任和賞識。她摸索行業中的每一個細節，嘗試突破每一個"瓶頸"，又花了一年半的時間，她仍舊停留在原位，薪資就沒有實質性地增長過。而後的工作中，高婕還是這樣的維持著。同時，生活的壓力一天天增大。她有了自己的生活圈子，加之上海較高的消費，讓她越來越感到吃力。房租在漲，生活費在提高，現在的收入有點跟不上節奏了。更重要的是，她感覺不到自己努力工作的價值體現。

高婕終於忍不住決定跳槽。可是，這一年半來自己根本沒有專業度的增長，自己到底應該找什麼工作才能獲得成功呢？一次偶然的機會，她被一家從事文化產業的知名企業看中。這家公司主要是從事中歐文化交流工作，產品涉及語言教育、藝術工藝品、地理旅遊等方面的內容，和國際貿易也有很大聯系。這倒是高婕十分有興趣的一個領域，但公司給她的實際工作卻是不到 3000 的月薪而且是一线销售工作，这让她比较失望。不过她为了改变收入现状，毅然跳槽到了这家知名文化企业。但是不久，她就遇到了更多的挫折。虽然她所打交道的人群都是有一定社会地位的人，企业也都是一些知名的贸易公司——这些在她的朋友们看来都比较光鲜，但是工作辛苦不说，薪资也实在令人难以满意。随着自己工作热情的降低，业绩受到了负面影响，老板也多次提醒她工作态度、工作方式的问题。可是近三四个月来她的薪资就一直在2500元徘徊，再次辞职的想法几乎每天都在困扰着她。

相信有这种困扰的职场人士很多，笔者在此可以为大家提供三个走出低薪困境的方法。

1. 跳槽"跳"上高台

走出底薪困境的方法很多。虽然跳槽需要慎重，但只要方法得当，跳槽也是获得高薪的一种方式。通过跳槽，精心包装过去的工作经验，挖掘以往工作中的含金点，将自己的优势充分展示出来，会比较容易获得一份更好的职位。

对于很多低薪者来说，他们并不是在能力上与高薪者有很大差距，而只是在通过跳槽来提高自己的过程中，不会包装自己过去的工作经验，充分挖掘以往工作中的含金点。因此，即便有面试机会也不会巧妙展示自己的优势竞争力，更别提如果不会包装甚至连面试机会都不会得到了。恰当的包装是必须的，但前提是工作经历中确实有含金点，形成了核心竞争力，包装只是把已经形成的核心竞争力展示出来而已。只要求职者跳槽时，注意下简历方面的细节，一定会跳到一个高台上！

但是，跳槽增值的基础是跳对方向，只有找对了方向才能真正发掘出竞争潜力。如果仅仅以为核心竞争力就是工作经验、学历证书，那就大错特错了。如果一个人跳槽的方向和目标与个人职业能力潜力有偏差，职业生涯将进入死胡同，到那时候什么证书学历都救不了你。而且如果经验没有积累到最有效的方向上去，这些经验不仅不能带来价值，反倒束缚你寻找新的发展契机的手脚。记住我们之前几章所讲的内容，获得高薪的基础，必须是你敬业的态度和过人的能力，再加上对细节的关注！

2. 内练职业能力基本功

完善自己的能力缺陷，将心中理想职位要求能力与自己当前所具备的能力做一下对比，找出差异，特别针对这些差异着手完善自己的能力。

有些低薪者可能与高薪者的差距只有那么一点点，而这一点点到底在哪儿他可能自身并不清楚。这就有必要请教资深的职业顾问，经过专业的测评和专家的分析、诊断之后，对自己的缺陷和要努力的方向成竹在胸，这样才能做到有的放矢，完善自己的能力缺陷。

每种职位都有各自特定的核心要求，但又因为所处行业、企业的不同而产生不同的任务结构和岗位要求。哪一种类型的职位更适合自己，更能发挥自己的能力和发掘自己的潜力，需要有一个明确的目标，并在这个切入目标的指导下，锤炼自己的优势竞争力来弥补自己的劣势。等自己拥有和高薪人士一样的能力后，自然也可以胜任高薪者的工作，或者也可以为企业创造和高薪人士一样甚至更高的效益，到时候，升职加薪就会顺理成章了。

3. 获取权威资质认证

用比较权威和有名气的证书来为自己镀金。正确的"镀金"方法将会对个人职业价值的实质提升带来很好的效益，职业价值的提升将是个人价格整体提升的基础。

这一点也是很重要的，企业对你自身能力的认可有很大一部分就是通过这些证书来体现的。通过这些培训，可以迅速弥补自己能力方面的某些不足并且为核心竞争力增加含金量。但是证书、学历等方面的提升必须注重实效性，否则盲目地职场跟风将会让自己手捧很多具有市场力度的证书却无法获得具有职场竞争力的职位，更别谈理想的薪资了。证书的实效性主要是方向的科学性和行动的实效性二者统一。证书必须在自己正确的发展路线之上，也必须在适当的环节和时机获得，否则证书的效益就值得考虑了。

希望本章有助于各位低薪职场人士，尽快走出困境！

从细节看管理（上）

我曾经在《哈佛商业评论》读了一篇管理案例，有些启发，将案例引用如下，或许对各位会有帮助：

在黄金珠宝加工行业，员工的偷窃问题相当严重。许多企业为此不得不建立了严厉的搜身和惩罚制度。然而，仍然有不少员工宁愿冒着风险，顶风盗窃。其背后，既有经济原因，也有复杂的社会原因。

深圳水贝工业区的某黄金珠宝首饰加工厂，早上8点钟陆续有员工来到厂区。他们走进更衣间，脱下外衣，穿上没有口袋、没有任何金属饰件的工作服，穿过金属感应门，进入生产区域。在接下来的 8 个小时内，没有特殊情况，他们不得离开生产区域，吃饭也必须在工厂食堂内。如果一个员工上厕所过于频繁，或者经常出现在过道上，就会有保安跟踪而来，用手持金属探测器对其进行检查。晚上下班，员工们再陆续穿过金属探测门。如果探测门报警，员工们就得在众目睽睽下，接受保安用手持金属探测器对其进行检查，一旦发现加工的黄金和珠宝有丢失情况，所有相关人员都得在保安的监视下被搜身，先由管理人员搜工人，然后管理人员互搜。

在广东深圳和番禺的绝大部分黄金珠宝首饰加工厂，上述场景并非特例。即便如此，物料丢失仍然屡见不鲜。员工甚至可以通过头发、指甲缝和鞋底把金粉、金片和珠宝夹带出去。然而，位于广东汕头的潮宏基珠宝有限公司建立了一套独特的管理制度和企业文化，放弃了金属探测门和搜身制度，尊重员工的人格尊严和社会需求，不仅解决了员工偷窃问题，而且提高了员工的工作效率。在潮宏基珠宝有限公司没有金属感应门，员工上班时也不用更换衣物，打完考勤卡，直接进入生产区。公司的金库打开后，每个员工从物料文员处领到自己的"小金箱"，来到自己的工位上，开始一天的工作。中午吃饭，他们把"小金箱"锁上，放进自己部门的大金箱里，去食堂或者工厂外面的小店吃饭。下午上班，再把"小金箱"领回，继续工作。下班时把自己的"小金箱"交回，经物料文员清点后，不用搜身就可以离开工厂了。

管理的具体方式，要因人而异，视公司具体情况而定。但是其中一些成功的思维，我们可以借鉴一下。对于这个案例，我可以将我所看到和感受到的东西记录下来，可以给大家做个参照。

　　一、同样的对物料丢失的控制，潮宏基珠宝有限公司的控制显得既轻松又有效。其根本的原因在于，潮宏基珠宝有限公司的控制是从物料的领用、保管、入库等各个环节进行了控制，而其他企业的控制却脱离了物料流转的流程，就控制而控制。因此，对业务活动的控制的设计，我们应从全流程分析着手，这种全流程的概念不仅限于企业内部，还要延伸到企业的外部环节，所谓的全面质量管理等理念就是从全流程着手的。

　　二、有效的管理方法总是从企业具体业务活动进行深入而细致的分析开始的。中国企业的管理不缺乏先进的理念，主要的问题是先进的理念无法落实。理念要落实需有好的、有效的方法，而这种有效的好的方法起源于对业务活动深入而细致的分析。我们在实际的工作中正是缺乏这种分析的程序和深入的精神，才使得先进的管理理念悬在空中。

　　如果正在看这本书的职场朋友是企业中的管理者，那么你有没有多花费一些时间和心思来考虑企业的管理细节呢？

　　企业的成功与否，固然有战略决策方面的原因，但更在于决策后面的小事情是否做得足够好，是否能把这些决策真正细化、推行下去？国内很多企业都热衷于做大事情、规划大战略、挥写大手笔，很宏观，但战略做了一大堆，后来呢？没有人耐心地去细化、去落实，大战略也就不了了之。

　　在日常的工作中，想做大事的人很多，但愿意把小事做细的人很少；这个世界不缺少雄韬伟略的战略家，缺少的是精益求精的执行者；不缺少各类管理规章制度，缺少的是规章条款不折不扣的执行。

但是在细节管理的诸多方面中，执行只是其中的一个因素。并不是说，执行抓好了，细节管理就做到位了，但是细节管理做好了，执行肯定也会做好。

如何能够在激烈的市场竞争中立于不败之地，是每一个企业面临的重大课题。今后的竞争将是细节的竞争。企业只有注意细节，在每一个细节上做足功夫，全面提高市场竞争力，才能保证企业基业长青。

如果说管理的一般法则是科学，那么在管理中，细节就是艺术。因此，可以说管理一半是科学，一半是艺术。不少人可能有体会：谈及企业管理方面的事，印象最深的往往不是那些深奥的管理学理论、管理的一般法则，而是由一个个管理细节突显出来的鲜活的事例。

有这样一个寓言：

有一天，一只猫来到森林里，看见了百兽之王老虎，发号施令，分发食物，小动物们见了老虎毕恭毕敬，非常美慕老虎的气派。当猫偶尔来到河边，发现自己在水中的影像酷似老虎时，便想效仿老虎。于是，猫趁老虎外出觅食时，在森林里四处招摇，号称自己是兽王。令猫得意的是，自己的身后也有了一些追随者：松鼠、鹳、果子狸、土拨鼠。猫率领着这些小动物，到处游逛，发号施令，俨然成了兽中之王。突然，有一只狼扑向了猫，吓得猫弓起腰，毛发尽竖，只会"喵喵"乱叫；此时，老虎咆哮一声冲了过来，狼夹着尾巴，灰溜溜地逃走了。老虎拍拍猫的头说："你看你脑袋上有'王'字吗？猫就是猫，不是声称自己是老虎就会成为老虎的。我们从前都是猫，但后来我们经过一代又一代的拼搏，才成了百兽之王。"

这则寓言告诉我们，任何一件事情都是做出来而不是喊出来的。换言之，企业的销量和效益不是喊几句口号就能实现的。它需要成千上万的人一台台生产、运输、终端销售之后才能最终完成。而这一系列的运作中，每一个细节都不可以忽视！

下面，我给大家看几个靠细节成功的企业案例：

许昌的零售商"胖东来"到了新乡，一年之内，挤垮了"世纪联华"、"丹尼斯"这些所谓的国内小有名气的连锁超市。原因何在？就是因为服务太好，细节处理到位。后来，新乡的百货大楼、平原商场也开始效仿胖东来，免费存车、免费修衣服、免费打市内电话。当然，我最喜欢的还是胖东来的免费修家电服务，上周修了个电磁炉，换了几个零部件竟然最后不要钱，我感动得不行。

胖东来的每个电梯口都站了一个保安，其实这些岗位从降低成本的角度考虑完全可以撤掉，但是他们的保安对每位顾客的一个"请"或者是"欢迎光临"的手势和语言却让顾客感受到了莫大的尊重。

胖东来的清洁工，"一个前面拖，一个后面扇"，其实他们完全可以采用更现代化的方式一遍就干净了，可就是这种细节深深感动了人们。胖东来的顾客鲜有在地上乱扔乱吐的现象，为的就是不增加清洁工们的工作量。而且胖东来的垃圾筒从来都是那么一尘不染，干净透亮，真的不是很少见到而是从来没见过那么干净的垃圾筒。

到胖东来买东西，如果东西有很多袋子，收银员会主动给你再套一个大包装袋，而多少家超市的包装袋珍贵得要都要不出来。我还很清楚地记得两年前在老家济源的丹尼斯买完东西想要个大袋子，收银台没有，总台的那位小姐只给我提供了绳子还让我自己捆。我很生气，可那位总台小姐来了句"你要是觉得来买东西生一次气很值得的话，那随便"。我要投诉，然后总台说投诉的地方就是总台，我又找了他们经理，结果晚上只有值班的安全经理。真是让消费者拿钱买气受。而胖东来，只要投诉一名员工就奖励投诉者100块钱。但消费者绝对不会无理取闹，没事去投诉别人得那100块钱，所以这种体制其实是对员工行为的一种约束。

胖东来的一毛之内的找零从来不是"四舍五入"，而是全舍。虽然是几分钱，但比世纪联华的累计起来让年末的最后一个月去领的制度，人性化百倍。现在的人，地上有个一毛钱都很少有人去捡，所以人们计较的不是几分钱的问题，而是一种经营理念。

所以胖东来成功了，员工待遇也很好。当然员工是很辛苦的，但辛苦也是值得的，因为很多辛苦经营的商业企业都不赢利，而胖东来的投资回收期，听说只用了一年多。

现在的企业之间的竞争，已经从价格竞争、质量竞争过渡到了品牌竞争、服务竞争。其实价格竞争、质量竞争、服务竞争其实是包含在品牌竞争里的，消费者购买了你这个品牌的产品，就意味着他认可和选择了你的产品价格、质量和服务。

而在当今价格和质量上很难拉开差距的情况下，企业之间比拼的也只能是服务，而服务管理中的最核心就是"细节管理"，细节决定成败。商业竞争是残酷的，但是胖东来懂得抓住细节，而这也就等于抓住了消费者的心，抓住了消费者的心就抓住了消费者的钱袋子，继而做到了双赢。

下面再给大家看一个华为的案例：

2009 年第 8 届"中国软件业务收入前百家企业"名单于 6 月 12 日公布。这个名单是根据工业和信息化部与国家统计局联合开展的全国软件产业统计年报数据确定的。

居本届百家企业首位的是华为技术有限公司（以下简称华为），软件年收入 555.6 亿。这也是华为连续 8 年名列百家企业榜首。一位质量管理领域的专家总结说，华为的魅力在于它的务实，在于它的细节，在于它的人才机制、人文管理以及它独有的企业文化。

我们以华为的司机举例。

作为全球著名的通讯设备供应商，华为有着严格的企业管理制度，员工也有着严格的行为规范。华为的司机多数是从保安转岗过来的，保安则几乎全是从三军仪仗队、国旗班、驻港部队刚退伍的军人中招募过来的。但录用后仍得接受一个月的新生训练，学习的都是礼仪和企业文化课程。他们不光人长得帅，关键是不折不扣地做到以下规定：

必须西装革履，即使在盛夏也穿衬衣系领带，面貌一新。车里一尘不染，空气新鲜。

无论客户级别高低，他们都必须早早打开车门，一手扶住车门，一手挡着车顶上边，说："您好，请当心。"

不开快车，注意力集中，不猛踩刹车的油门，车速平稳。任凭后面车一辆一辆超过去，华为的司机也不会把车开到90公里/小时以上。如果不是客户赶时间，即使在高速公路上也绝不会超过120公里/小时。

情绪稳定，不急不躁。如果觉得你有说话的兴趣，他会对你介绍深圳，介绍华为，解说专业，也可以很自然地和你拉拉家常，既像受过培训，又像是他们自身素质使然。

车里一般放着比较悠扬的轻音乐。

客户去游玩，司机会在车里静静地等待。当你回来第一眼看到他时，他肯定已经把车门打开，一手扶住车顶上边，说："您好，请当心。"

到了吃饭时间，无论客户如何诚心邀请，他们也不会与其一起吃饭。等客户吃完了，他会准时等在门口。碰到特殊情况，不得不与客户一起吃饭时，他们也快速吃完饭，不在桌上随便说话，然后到车里去等着。

不光华为公司总部的司机是这样，各办事处的司机除了车没有他们的好，衣着稍微随便一点外，行为规范都是一样的。

能把小事情按照大事情的标准做，这就是有着独特"细节"情怀的华为。

细节决定成败，这在华为体现得淋漓尽致：卫生间中永远都有质地很好的手纸、面巾纸、洗手液，有些还有擦手的湿毛巾、一次性梳子；华为人在推行职业化管理后始终坚持了"放置水笔的时候笔尖朝下"等行为规范；员工购餐也是清一色一字长龙，秩序井然……

　　从小窥大，华为的细节管理，足可放大至所有员工的养成教育和管理训练。就是这样一些公示于天下、毫不起眼的细节，成就了华为。

　　下面再给大家看一则德胜的案例：

　　在德胜所有新员工（35 岁以下）不管什么学历，都从打扫卫生开始。不是一两天，而是两三个月；不是一般的扫地，而是按五星级酒店服务员的要求完成小区内、洋楼内、接待客房内的保洁工作。这样在心态上就能够锻炼员工从小事做起，把小事做透。

　　德胜的员工每天早上都要默读一句话，"我们实在没有什么大本事，我只有认真做事的精神"。每个员工都相信，只要你认真了，你就有可能成为这个国家的第一名。所有的管理人员工牌上都有一句话，"我首先是个出色的员工"。

　　德胜的干部每月换岗一次，把管理工作交出来，手机存放到办公室，实实在在做一个小兵，拿工具做小事。聂圣哲自己做事也常常是"这个事情我在电话里说不清，我要到现场来"，到现场给下属做示范，交代清楚，直到下属满意才离开。这种工作态度已成为德胜干部的工作作风。

德胜还成立了程序运作中心。这一群人别的什么活都不干，只管所有员工是不是按程序做事。不管你是什么职务，资历多老，不按照程序做事就一定处罚。德胜认为，一件事即使做成了，如果不按程序做，也等于没有成功，即使执行程序有一些浪费也是必需的。开车系安全带是程序，一生系几千次安全带，可能没有一次派上用场，但一旦产生作用了，就是性命攸关的事。执行程序必须较真。

德胜根据程序的要求，提出了许许多多的细节规范：旋空调的塑料螺丝，用旋铁螺丝的方法旋是不行的；2593 这栋房子，工地上 3 寸的 L 型弯头，计划用 3 个，结果用了 5 个，得写出理由来。

2004 年美国的一期《经济学》周报报道德胜，"作为德胜员工，都会拿到一份 86 页的手册，手册里包括公司的规章制度，从工作安全到个人卫生等等"。"公司强迫员工在三个月内改变他们的个人习惯，然后才培训他们成为专业产业工人"。

这本小册子上面对员工勤洗澡（争取每天一次）、刷牙（每天至少一次）、理发（每月至少一次）等的规定都是非常具体的，与一些企业管理文件中的"坚决贯彻执行路线、方针、政策"之类的不可操作的条款是截然不同的。

面对这样一家公司，作为聂圣哲先生的同乡，某杂志负责人汪鹏生先生发出如此感慨："作为一家出版社的社长，我也在摸索管理经验。德胜的管理使我思路大开，许多过去不清楚、不明白的地方都因之迎刃而解了。"更有清华大学经管学院副教授、中国人民大学经济学博士宋学亮先生发出感慨："我如果年轻 20 岁，我会以能到这家公司当清洁工为荣。"

德胜的成功，可以说离不开他们的细节规范和对这些规范的执行到位。

通过上面几则成功企业的案例，相信能给企业的管理者们一些启示。

从细节看管理（下）

上一节我给大家看的都是成功案例，本节我想先给大家看一项调查结果。这些数据是北京大学民营经济研究院下面的精细化研究中心联合民营经济杂志社，对 1745 家普通企业做的抽样调查，出来的结果一点都不乐观。民营企业存在的普遍问题和对管理认识的误区主要在以下方面：

第一，没有科学系统、条理清晰的战略规划。

第二，很多工作缺乏具体的规范和标准，管理者个人的标准成了工作标准。我说怎么干，就怎么干，但是没有形成文件。

第三，过分集权，多数基层管理人员基本没有授权。什么事情都要问老板，甚至问老板娘。

第四，滥用家属、亲友、世交关系，忽视职业能力。我们需要用一个人在什么岗位上，就必须搞清楚这个岗位需要具备什么能力、需要对哪些东西熟悉、需要懂什么。考察人就要从这个角度考察，要考虑清楚这个人有没有这个能力，而不是其他的关系。

第五，沉浸于创业时期的企业成功模式，固守经验，总是抱怨现在的企业难做。我们老沉浸在过去的成功中是没有用的，因为现在的客户要求越来越高，竞争越来越激烈。

第六，老板和管理人员不自觉地带头破坏企业规则。企业很多东西是定下来发了文件的，随随便便地就被破坏了。

第七，股东和家族成员对企业实行多头管理。老板、老板娘、小姨子等等都有话说，搞得企业不知道怎么弄。

第八，急功近利，注重市场短期利益，不关注品牌价值的培养与保护。

第九，老板希望复制自己的替身，而不是从管理角度进行规则的梳理和复制。其实管理中更多的做法是四个东西，一是经验，包括自己的经验、行业的经验、专家的经验、书本的经验等等；二是规则，把经验提炼出来变成可以复制的规则，这是我们管理者要研究的事情；三是习惯，把规则训练成员工的习惯，让他们按照要求做，变成习惯，企业的能力就上去了；四是文化，当养成的习惯慢慢坚持下来，最后就会沉淀成一种文化。所以，研究管理，简单地说就是研究这四个东西，一定要搞清楚经验、规则、习惯、文化，把经验整理成规则，把规则训练成习惯，把习惯沉淀成文化。

第十，对员工的要求非常苛刻、挑剔。一方面人才短缺，另一方面人才不断流失。现在大家都知道，人才市场结构性短缺，一边是大量的人找不到工作，一边是企业招不到人。这其中有很多原因，一方面有就业者的原因，他们的素质、态度等等。另一方面也有管理者的问题，主要是对员工的要求太苛刻了，总是希望这个人很了不起。问题是一个很了不起的人怎么会跑到这里，做一份月薪 2000 块的工作呢？我们现在做精细化管理，要求有岗位分工，只有通过员工岗位的专业化定位，才能找到更合适的员工，这是一个很重要的思维模式。

第十一，没有科学的薪酬和工作绩效评估体系。只会在谈判工资的时候考验员工的谈判能力，进而怎么考核，怎么绩效，根本不知道。

第十二，组织机构岗位职责界定不清晰，部门协调不流畅，互相扯皮。很多企业都是这样，这在一些小规模的民营企业中，几乎是一种普遍存在的现象。

第十三，企业管理的文件没有或者不完整、不清楚。领导制订文件的时候不知道怎么回事，管理规则常常冲突，导致管理混乱，大家无所适从。

第十四，不重视团队的学习和培训，特别缺乏对基层员工的操作指导和程序培训。企业里面的培训应该加强小班制，把相同的岗位集中在一起学是一个非常具体的工作方法。我们现在很多岗位都没有这样的概念，所以什么事都是乱糟糟的。

第十五，不重视对中高层及骨干人员长效激励机制的建立，导致核心团队不稳定。

第十六，企业文化只有漂浮的口号，没有落实，不能和企业管理规则相结合。比如有的企业要求员工诚实，写进了章程，但是自己却偷税漏税。

我们可以通过细节看管理，站在细节的角度看看管理是怎么回事。关注管理细节，不止适用于国内，而是适用于商场上所有的企业，无分国籍。笔者偶然认识过一位曾经在国外工作的编辑。他从各个细节，将他所在的企业管理方面仔细剖析了一遍。他讲述的经历，一定也可以给大家带来一些思索，下面我将朋友的自述整理出来，让各位读者看一看国外一些企业的管理模式：

2007 年 4 月，经过俄亥俄州莱特州立大学商学院助教玛乔里的全力推荐，在通过了格林郡报系的发行人乔恩·诺尔的面试之后，我开始了在该报为期 4 个月的实习。

格林郡报系隶属于俄亥俄州的布莱恩出版公司，该公司在俄亥俄州境内拥有 18 家日报、27 家周报、26 份免费出版物，发行覆盖俄亥俄州的 31 个郡（或称县，俄亥俄州共有 88 个郡）。近年来该公司频繁收购社区报，格林郡报系就是其中之一。这些社区报大多有超过百年的历史，与所在社区一起成长、发展，因此地域影响力极大，这也是社区报在地区性大报咄咄逼人的竞争态势下得以生存的重要原因。

格林郡报系下辖 3 家日报：《契尼亚日报》、《费尔伯恩每日先驱》和《比佛克里克新闻快递》，分别在该郡的 3 个卫星城发行。3 家报纸中，《契尼亚日报》历史最久，于 1868 年建报，曾获普利策突发事件新闻奖，其所在的卫星城共有人口 24269 人（据 www.citydata.com 最新数据），付费发行量却达到了 5000 余份，足可见其发行密度之高。因为 3 个卫星城相隔只有约 20 公里，因此 3 家报纸办公地点合在一处。

到报社实习的第一天，恰遇该报系对下一年的广告费率进行全面调整。整整一个早上，发行人乔恩与广告部主任芭芭拉，一边对复杂的广告费率表的调整计划做核实，一边给我讲解调整的具体依据。总公司分管该报的副总经理弗兰克当日下午将来报社，召开全体广告部门员工会议，并听取发行人调整广告费率的报告。"之所以如此兴师动众，是因为这牵扯到下一年的预算编制。"乔恩告诉我。

对于动辄建报上百年的美国报纸来说，报纸的全面预算模式早已成型。虽然近几年来，由于互联网的竞争和年轻人阅读习惯的改变，报纸的发行量逐年下降，但因为社区人群构成和报纸质量的相对稳定，发行、广告、印刷等部门的预算计划仍是可靠的。

报纸的广告部、发行部、设计部、编辑部、印刷厂、人力资源和财务等部门，下半年都要做出自己下年度的财务预算，预算的基本依据是上年度的相关数据。预算编制思路并不复杂，就是收、支两方面，细算起来头绪却不少。例如，编辑部门要逐日精确计算一年内需要出版的报纸版数，包括特刊版数。这为广告部门的预算编制提供了依据，因为美国各报对广告占版面的面积比例是有明确规定的。同时，邮局的报纸投递费用计算也以广告版面的面积大小为依据，广告越多，邮局投递费用也越高，这也从一个角度防止了报纸的过度商业化。编辑部计算出报纸版数，并划定每个版面可以放置广告的面积，广告部门则可以确知自己可以运作的空间，根据既定的广告费率，估算出广告收入。

每年，发行人提出下年度各部门经营目标，各部门结合这个

147

目标，将预算报到报社财务部门，财务部门依据各部门预算，计算出下年度预盈亏并制订融资、投资计划，最终将预算上报到公司董事会。预算一旦形成，就具有相当的刚性。预算完成的好坏，也是衡量部门负责人业绩的重要指标。

在美国人力成本极高的前提下，严格控制雇员的数量是每个经理人的必修课。因此，为了降低人力成本，报社雇用人员的方式也趋向多样化，格林郡报系发行部的人员设置就是一个典型的例子。

格林郡报系的 3 份报纸总发行量约 17000 份。发行部包括 1 名经理、2 名全职区域经理（同时也兼任客户服务）、1 名全职客户服务人员。这 4 个人，借助一套发行信息管理系统，就可指挥并不隶属于报社的 60 余名独立签约的投递员，高效率地完成工作。

该集团新订户来源主要来自电话订阅、订户自助网上订阅和客户上门订阅。订户自助网上订阅部分由系统自动加入新订户数，发行客服部门每日统计、录入其余订单，生成当日新增订户数。同时，系统生成当日订阅到期订户名单和退订订户名单。从而得出当日的固定订户数量变化数据，印刷厂开机前进入该系统，确定当日印数。

计算机系统能够自动识别新订户所属的投递员片区，自动生成新订户和到期订户的名单，以作为次日投递员的投递依据。遇有客户投诉报纸投递人员的工作不到位，发行管理人员则输入客户号，客户的基本情况诸如：地址、电话、缴费情况、缴费方式、订阅历史、以往投诉历史、负责该片区投递工作的投递员的基本情况等信息一目了然。录入客户投诉内容后，能立即解决的，发行管理人员电话告知投递员予以改正。否则，系统可生成客户投诉单，作为投递员次日的工作依据。系统自动计算每日投诉量，并可根据要求输出一段时间内的客户投诉率等数据，作为发行经理考评部门人员工作绩效的依据之一。

遇到有外出度假计划的订户打来的电话，发行管理人员可通过系统记录订户度假的起止时间。系统自动停止和恢复订户的报纸订阅，并将订阅时限相应后延。如用户需要在度假期间保留报纸订阅，系统将通知印刷厂，保留订户度假期间的所有报纸，在用户度假结束后，系统形成通知单，投递员在印刷厂处取得度假期间报纸，与当日新报一并投递。当然，订户也可以选择在线自助服务，自行停止一段时间内的报纸递送。系统还可生成一定时期内将要到期的订户数据，报社发行部门可根据这些数据决定对这些订户采取提示缴费、续订打折等客户维护行为。这样，4个人负责管理3份报纸的发行，可实现报纸的当日订阅，次日投递；今日退订，明日停报；以及客户服务，客户投诉的及时反馈、修正。

后来，发行部又聘了一名"小时工"，专门负责3个卫星城市自动售报箱报纸、钱款的收取、统计工作。为了确定此职位的薪酬，发行部门根据其行车路线、每个报箱报架要停留的时间，计算确定了其工作的总小时数。最后雇用了60多岁的莱瑞来负责此事。

全职员工、小时工、独立签约人，灵活的用工形式，保证了发行部以最低的人力成本运行。

　　如果各位读者只是普通的求职者，那么可以通过本章了解到的内容，通过细节去观察一些企业的管理方面，然后做决定，看自己要不要进入这家企业。而如果你已经是企业中的管理者，那希望本章可以帮助你解决一些工作中的管理问题。

细节是表现，素质是根本

　　中国号称"世界加工厂"，是世界上最大的生产制造基地。但是，中国制造的产品是怎样的？

　　不知道有没有人关注过这个问题。如果你以前没有关注过，那么现在我就可以给你看一组数据：我国每年制造的产品，不良品率平均高达10％。这意味着，10件产品中就有1件是次货，这已经是下线了。而在欧美国家，人家提出的产品不合格率的标准，一定控制在3‰。这就是差别。这种质量问题不是简单的一个质检人员的责任心问题，而是整个制造业员工的基本素质问题。

　　大家都知道，我们中国企业现在的效率普遍低下。我国人均一年工作的时间是2200个小时，每小时创造的财富仅仅5.75美金。但是很多国家，甚至同样的不发达国家，工作时间都没有这么长，他们的职工也没有我们中国职工这么辛苦。比如巴西，他们平均人均工作1841小时。最厉害的是挪威，他们人均每小时财富创造是37.99美金，是我们的6～7倍。

　　而中国企业在当今世界中所占的经济地位又是怎样的？下面

一组数据或许可以让大家有所了解。

当今世界的经济，从根本上来说，是由资本主义国家比较强大的跨国公司在掌握，现在大型的跨国公司，根据权威数据统计，是 65000 家，这 65000 家大型跨国公司，它们的实力有多强呢？它们相当于 60 个主权国家年度总收入的总和，就是 65000 家跨国公司的年制造能力，或者销售能力，产值，相当于 60 个主权国家一个年度的 GDP 总收入，相等的，也就是说，这个世界的一些跨国公司的实力，已经不亚于一些国家的实力了，这就是我们现实社会的一个基本状态。进一步说一些数据，这 65000 家跨国公司，它们派生出来的机构，关联性机构，一共有 1000 万家，这 65000 家公司的 1000 万家的机构，它们占世界上主权国家税收总和的30％，它们占世界上上市公司资产总值的 40％，它们占有了全球货物贸易的 60％，它们控制了全球服务贸易的 70％，它们垄断了全球技术贸易的 80％，所以现在这些大型的跨国公司才是非常可怕的。而这些大型的跨国公司，我们没有几个，虽然我们现在也有几个公司进入了 500 强，但是，中国进入 500 强的企业，依靠的又是什么？我们哪一个企业是由小滚到大，滚到现在进入 500强的？

我给大家看这组数据，并不是要跟大家谈谈如何改变中国企业目前的落后现状。我今天只想跟大家谈谈，如何更好地改变我们自身和我们所在企业的现状。只要每一个管理者、每一家企业的现状普遍得到改善和提高了，那么中国企业的总体状况，自然也会大有改善！

我认为细节的实质存在于两个方面，第一个方面是细节源于

151

态度。也就是说,一个人能不能做好细节,首先是他的态度是否端正。很多事情没有做好,不是没有能力做,而是态度不端正!比如上海地铁有两条线,一个是中国设计的,一个是德国设计的。二号线没有按照德国人设计的做,自以为聪明地改了很多地方,比如本来有三个台阶,但是中国人后来去掉了它们。这个细节造成的危害是什么?上海雨水很多,每次下雨就往地铁里面灌,后来还是得补了这几个台阶。很多事情不是我们做不到,而是我们不想做。

细节的第二个方面,是细节体现素质。关于什么是素质,现在社会的认识是很不一样的。但是有一点,大家的认知都是共通的,那些高素质的人一定比素质低的人更能适应这个社会的需要。不要小看素质问题。我们就拿德国举例,一般而言,我们看德国人似乎很笨,做事情很简单、很死板,好像不动脑筋。德国人过马路,即使红灯坏了,一直不灭,他们也不会擅自闯红灯。甚至有人在德国遇见过这样的情况:对面的红灯一直不灭,所以大家一直不走,等到时间过了很久,大家才确定是红灯坏了,于是,就有人到对面的红绿灯电线杆下面摇,把灯摇绿了再回头开车,大家这才顺利地过了马路。

就是这么"笨"的德国人却能够做出宝马、奔驰。德国现在经济很不错,但它在"二战"失败时,国家千疮百孔。而三四十年过去了,它又很快成了世界经济的前三强,非常了不起。

一个人无论在社会上、在生活中,还是在职场中,都要注意细节,毫不夸张地说,一家企业没有细节就会管理混乱。因为不注重细节就会有很多事情没有标准,做不到位。细节体现了我们的素质。只有注重细节，企业才会有更好的发展。只有我们的国民素质提高，我们的企业发展壮大，我们的民族才会强盛！提升素质，注重细节，无论对于个人的发展还是国家的发展，都至关重要！

抽出时间思考自己可能失败的地方

长江实业集团有限公司董事局主席兼总经理李嘉诚，曾经说过一句话——"用 90％的时间考虑失败"。

李嘉诚不仅是华人首富，还是华人中最成功的企业家之一。2007 年 12 月，李嘉诚接受《商业周刊》访谈时留下了一篇感悟，他通过这篇感悟告诉大家，他成功的秘诀不在于他比别人成功的次数多，而是因为，他失败的次数比别人少。下面，我们来看看李嘉诚的感悟：

风和日丽的时候，假设你驾驶着以风推动的远洋船，在离开港口时，你要先想到万一悬挂 10 号风球，你怎么应付。虽然天气蛮好，但是你还是要估计，若有台风来袭，在风暴还没有离开之前，你怎么办？

我会不停研究每个项目面对可能发生坏情况下出现的问题，所以往往花 90％考虑失败。

就是因为这样，这么多年来，自从 1950 年到今天，长江实业并没有碰到贷款紧张，从来没有。长江实业上市到今天，假设股东拿了股息再买长实，现在赚钱 2000 多倍。就是拿了股息，不再

153

买入长实，股票也超越 1000 倍。

从前我们中国人有句做生意的话：未买先想卖。你还没有买进来，你就先想怎么卖出去，你应该先想失败会怎么样。因为成功的效果是 100% 还是 50%，差别根本不是太重要。但是如果一个小漏洞不及早修补，可能带给企业极大损害，所以，当一个项目发生亏蚀问题时，即使所涉金额不大，我也会和有关部门商量解决问题，所付出的时间和精力都是远远超乎比例的。

我常常讲，一个机械手表，只要其中一个齿轮有一点毛病，你这个表就会停顿。一家公司也是，一个机构只要有一个弱点，就可能失败。

了解细节，经常能在事前防御危机的发生。

现金流、公司负债的百分比是我一贯最注重的环节，也是任何公司的重要健康指针。任何发展中的业务，一定要让业绩达致正数的现金流。就像是军队的统帅必须考虑退路。例如一个小国的统帅，本身拥有两万精兵，当计划攻占其他城池时，他必须多准备两倍的精兵，就是 6 万。因为战争激活后，可能会出现很多意料不到的变化；一旦战败退守，国家也有超过正常时期一倍以上的兵力防御外敌。

任何事业均要考量自己的能力才能平衡风险，一帆风顺是不可能的。过去我在经营事业上曾遇到不少政治、经济方面的起伏。我常常记着世上并无常胜将军，所以在风平浪静之时，好好计划未来，仔细研究可能出现的意外及解决办法。这一切的关键在于要做足准备工夫、量力而为、平衡风险。我常说"审慎"也是一门艺术，是能够把握适当的时间做出迅速的决定，但是这不是议而不决、停滞不前的借口。

经营一家较大的企业，一定要意识到很多民生条件都与其业务息息相关，因此"审慎"经营的态度非常重要，比如说当有个收购案，所需的全部现金要预先准备。

我是比较小心，曾经经过贫穷，怎么再会去冒天大的险？你看很多人一时春风得意，一下子就变为穷光蛋。我绝对不会这样做事，我都是步步为营。

有一句话，我牢牢记住："穷人易过，穷生意难过。"你再穷，你吃不起好的白米，你可以买最便宜的米，还是可以过，人家吃肉，你可以吃菜，吃最便宜的菜；但是穷生意很难，非常难。所以务必小心翼翼，说如履薄冰也不为过。

以上就是李嘉诚所提到的感悟——用 90% 的时间考虑失败。

世上并无常胜将军，所以我们应在风平浪静之时，好好计划未来，仔细研究可能出现的意外及解决办法。

这一方面，东方银星董事长李大明也是一个很好的表率！

2003 年 8 月，银星集团通过重庆国际信托投资公司间接控股上市公司——冰熊股份。银星集团收购冰熊股份的第一桶金来自银星房地产项目。当时，李大明之所以要通过重庆国投间接控股冰熊股份，主要就是他不了解当时国家对全流通实施办法的细节，采取这种形式受让股份有以下几种原因：（1）银星当时收购资金不足，以此种形式通过重庆国投进行融资；（2）ST 冰熊向外借

"壳"银星集团,并通过重庆国投的介入来规避风险;(3)银星委托其他公司和个人对 ST 冰熊的流通股份进行收购,为了规避中国证监会关于"要约收购"的相关规定。(4)银星欲取得 ST 冰熊的大股东地位,以达到"借壳上市"的目的。但是此次所"抢"到 28%的股份,还不能达到控股地位。最终是否能达到继续收购控股 ST 冰熊的目的,在前景未明之前,为了规避风险,就采取了先委托重庆国投持股管理一年的方式。届时,如果李大明意图落空,则可以借重庆国投之便,以较小成本顺利抽身。在当时在后市控股权不明确的情况下,他花了 90%的时间考虑失败退出的方便之门!

2003 年 9 月 11 日,重庆银星通过商丘天祥拍下冰熊集团所持有的国有法人股权 6016 万股中的 2500 万股成为第三大股东,占19.53%的股份。以每股 0.692 元的价格拍卖成交,总成交金额为1730 万元。从而实现了李大明真正控股冰熊的目标!!

2004 年 9 月 20 日,雅佳置业成立。2004 年 10 月 27 日,李大明对冰熊进行资产置换,弃家电进军房地产。第一大股东银星集团将旗下雅佳置业 60%的股权赠送给冰熊股份;与银商控股签署资产置换协议:将家电业务方面剩余的设备、建筑物以及负债等与银商控股的土地、在建工程等房地产项目——跟东方世家置换。

2005 年 10 月 12 日,重庆银星又通过重庆赛尼为公司以 1055万元价格拍下原价值 1350 万的冰熊集团持有的国有法人股。

2007 年 1 月 24 日,重庆银星又通过海南易方获得冰熊集团所持有的 ST 冰熊国家股(限售流通股)1858 万股。2007 年 5 月 25

日，将上述股份过户至海南易方达名下。

从 2004 年 10 月 ST 冰熊进行资产置换，公司重大资产重组实施之后，一直到 2007 年 2 月 5 日，银商控股所拥有的两宗土地使用权因拆迁量过大，未能在两年内及时开发，被收回土地使用权，宣告失败！有人说，这都是李大明为低价获得冰熊集团所持有的全部 ST 冰熊国家股（限售流通股）和实现股改上市而进行的大忽悠!! 假重组!!

2007 年 4 月 12 日，李大明已经基本上拿到了全部冰熊集团所持有的 ST 冰熊国家股（限售流通股）后，为了配合 5 月份股票行情，才急忙推出了委托银商控股将"东方世家"项目对外出售的议案：出售收益底价以 2007 年 3 月 30 日为评估基准日对该项目经评估的净资产额 3433.01 万元为准、股改送股和公司拟将应收账款、存货等与房地产主营业务无关资产与银星股份所持重庆瀚港置地有限公司 99％股权进行置换等"利好"。这才正式完成了拖延了三年的第一步重组任务！股票市场也因此连续涨到 13.5 元，创下近年来新高，为李大明在全流通前在证券市场掘得第一桶金。

李大明之所以会迅速聚集更多的财富，跟他能够花时间考虑自己失败的可能性不无关系。我们如果要成功，就必须向李嘉诚、李大明这些已经成功的人士学习，学习和分析他们的成功经验！只有站在巨人的肩膀上，我们才可以更快地成长！

抽出时间考虑自己可能失败的地方——这不仅是企业家需要做的事，也是职场人士需要做的事。虽然我们所做出的每一个决定，不会像李嘉诚或者李大明那样，影响一个集团的走向，但身在职场，我们所有的决定至少会影响我们所在部门的效率和成败。所以，我们必须考虑到每一个有可能失败的细节，保证我们可以将自己的工作完美地进行下去。

Chapter 4 怎样赢得高薪

总有些定律决定你的薪水高低

现在的企业，给员工设置薪水不再像以前那么死板，通常而言，企业会根据员工的自身综合能力素质，结合企业的具体状况来给员工定工资。相当一部分企业，干脆对所有员工全部实行效益工资。决定员工薪水的因素越来越多，绝不是人事部经理随便做决定的。所以想得到高薪，首先你要了解，自已的薪水都是如何确定的。

在了解决定薪水高低的要素之前，首先我们要明白，你可以拿到薪水的前提是，你可以为公司创造利润。这是本书第二章中，我们就已经明白的问题。

比尔·盖茨说："能为公司赚钱的人，才是公司最需要的人。"只有你在被公司需要的情况下，公司才会给你薪水；只有你为公司创造利润越多的情况下，你拿到的薪水才会越高。现在的企业，大部分都是私人性质。老板开公司是为了赚钱，而不是为了养闲人。能力平庸的员工，即使再怎么曲意逢迎，讨取老板欢心，都很难得到提拔重用，更不要说高薪。所以想得到高薪，最基本的条件就是，你要想尽办法帮公司创造利润。

除了为公司创造利润，还要懂得为公司节省成本。笔者曾经见过这样两件事：

刘宇和王钢两个人到一家公司应聘，一路过关斩将，最后进入了复试阶段。

公司总经理交给刘宇一项任务，要他去指定的那家商场买一打儿铅笔。公司距离要去的那家商场只有一站路，总经理建议他乘公交车去，自己买车票，回来报账。过了一会儿，总经理好像忘记了这件事，又吩咐王钢去那家商场买一瓶墨水。

他们两个先后都回来了。

在总经理面前报账的时候，刘宇除了买铅笔的钱，来回坐车的钱是2元；而王钢除了买墨水的钱，来回坐车的钱是4元。

原来，时值盛夏，天气酷热，刘宇坐的是普通公交车，所以票价只要1元；而王钢因天气热坐的是空调公交车，上车就要2元。所以，王钢的车票钱和刘宇的车票钱不一样。

很自然，刘宇被公司录取了。总经理是这样对他们说的："具有成本意识，懂得为公司节约的员工，将来才能为公司赚钱。"

另外还有一个有关节约的故事：

兴天化工修配车间主任王靖华，是公司的一名老员工。近几年来，他负责修配车间的维修工作，凭自己熟练的维修技术和勤勤恳恳的工作态度，赢得了领导和员工的好评。

他出色的另一面，是他变着法子为公司节约材料，变废为宝。

在兴天化工办公室的后面西侧，有一大堆拆卸的废旧设备和废旧配件，更确切地说，那是一个废铁堆。可是，王靖华好像对这一堆被大部分员工看成是只能卖废品的废料特别感兴趣，他不顾烈日暴晒，不怕蚊虫叮咬，经常光顾这个废铁堆。他手中时常拿着钢卷尺，量量这儿，看看那儿，在废铁堆上挑挑拣拣，当他发现有用的钢轴、皮带轮、铁板、三角铁、铁管等东西的时候，能拆的就拆下来，不能拆的就用气割把它们割下来，拉回修配车间留做备用。当车间急用时，经车床一加工就能用上，既节约了时间又省下采购费用，真可谓两全其美。就此一项，每年可为公司节约数万元资金。为此，在年终表彰大会上，老板给王靖华多发了5万元年终奖金。会上，该企业老板说："这5万并不仅仅是因为王师傅为公司节省了成本才奖励给他，更难能可贵的是他为公司节省成本的意识。今天特地表扬他，是为了让我们兴天全体职工都向王师傅学习！"

以上只是两个普通小人物的故事。但是很多成功人士，也都十分懂得节约。众所周知，微软公司的总裁比尔·盖茨是世界首富，他的个人净资产已经超过美国40%最穷人口的所有房产、退休金及投资的财富总值。简单地说，他在6个月内资产就可以增加160亿美元，相当于每秒有2500美元的进账。然而，比尔·盖茨的节俭意识和节俭精神比他的财富更令人惊诧。

从微软创业时起，比尔·盖茨就非常注重节俭。有一次，兼任微软总裁的魏兰德将自己的办公室装饰得非常气派，比尔·盖茨看到后非常生气，认为魏兰德把钱花在这上面是完全没有必要的。他对魏兰德说："微软还处在创业阶段，如果形成这种浪费的作风，不利于微软的进一步发展。"

即使在微软开始成为业界营业额最高的公司的时候，比尔·盖茨的这种作风也没有改变过。1987年，还是在比尔·盖茨与温布莱德相好的时候，有一次，他们在一家饭店约会，助理为他在该饭店订了一间非常豪华的房间。比尔·盖茨一进门便呆了，一间大卧室、两间休息室、一间厨房，还有一间特大的、用于接见客人的会客厅。比尔·盖茨简直气蒙了，禁不住喝问："是谁做的好事？"

有一次，比尔·盖茨到台湾去演讲，他下飞机后就让随从去下榻的宾馆订了一个价格便宜的标准间。很多人得知此事后，大惑不解。在比尔·盖茨的演讲会上，有人当面向他提出了这个问题："您已经是世界上最有钱的人了，为什么要订标准间呢？为什么不住总统套房呢？"

比尔·盖茨回答说："虽然我明天才离开台湾，今天要在宾馆里过夜，但我的约会已经排满了，真正能在宾馆的这间房间里所待的时间可能只有两个小时，我又何必浪费钱去订总统套房呢？"

比尔·盖茨一年四季都很忙，有时一个星期内要到四五个国家召开十几次会议。每次坐飞机，他通常都坐经济舱，没有特殊情况，他是绝不会坐头等舱的。

有一次，在美国凤凰城举办电脑展示会，比尔·盖茨应邀出席。主办方事先给比尔·盖茨订了一张头等舱的机票，比尔·盖茨知道后，没有同意他们的做法，硬是换成了经济舱。还有一次，比尔·盖茨要到欧洲召开展示会，他又一次让主办方将头等舱机票换成了经济舱机票。

一次，比尔·盖茨和一位朋友同车前往希尔顿饭店开会，由于去迟了，以至于找不到停车位。他的朋友建议把车停到饭店的贵宾车位上，但是，身为世界首富的比尔·盖茨却不同意。他说："这可是要花12美元呢，不是个好价钱。"

"我来付。"他的朋友说。

"那可不是个好主意，这样太浪费了。"比尔·盖茨坚持不将汽车停放在贵宾车位上。二人争执中，有其他人将自己的车从车位上开走了，比尔·盖茨这才找到了停车位。

大家都知道，比尔·盖茨不仅仅是世界首富，更是一个慈善家。这样一个人，绝不是一个小气鬼、守财奴，他只是拥有一种节俭精神！所以说，无论是普通人，还是成功人士，都应该具备这种意识。特别是职场人士，当你为公司节省成本的时候，也就等于为公司创造了更多的效益。而创造效益，是你高薪的前提。

在做到了上述提到的前提后，接下来，你就可以仔细分析可以具体决定你薪水高低的要素。

一般而言，决定一个人薪水的具体条件包括：对企业的影响、任职资格、责任范围、解决问题难度、监督管理、沟通技巧等等。

这些因素大多数和个人素质没有多大关系，涉及个人能力的只有"任职资格"和"沟通技巧"两项，总共也只占24%。因此，决定一个岗位在公司重要与否，或者说决定你的薪金高低的是另外四项内容。

以上所说的只是普遍的大体情况，具体情况要视公司情况而定。比如 IBM 和微软的工资策略就不尽相同。

IBM 公司是低端岗位薪资定得高，而微软是中高端岗位薪资定得高。

业内人士普遍认为，IBM 追求的是精湛运营，希望产品价格更有竞争力。它的人才战略以公司培养为主，为吸引优秀毕业生来公司工作，薪金定得相对就高。但随着职位的上升，薪金与市场其他公司相比可能就不再是最高的。而微软则不同，微软采用的是产品领先战略，这就对研发人员提出了更高的要求。微软的人才战略是以中高端"掠夺"为主，所以，其薪金必须定得高一些才能吸引人才。

由此可见，公司的发展战略也是决定薪酬水平的一个重要因素。职场人士若想拿到高薪，就必须了解这些。

不要把薪水的高低变成抱怨的借口

我们在日常工作中，几乎随时都能听到各式各样的抱怨：抱怨薪水比别人低、付出比别人多，抱怨考核制度不公平、不如其他公司……

这些人唯独没有抱怨自己的：为什么我这么多抱怨？为什么别人能拿到高薪我不能？

比较并没有错，有了比较，看到了自己和别人的差距，才会让人更想往上游走。但比较的内容是分对错的。抱怨的借口，也是有对错的。如果比较的方向不对，那么，你再怎么抱怨，你的环境也不会有改善！

比尔·盖茨曾经深有感慨地说："这个世界不会在乎你的自尊，这个世界期望你先做出成绩，再去强调自己的感受。"一句话言简意赅地道出了业绩的重要性。商业世界中，评定一个人的劳动力价格时，最根本的原则就是看你的业绩。

人们总是抱怨自己的工作，眼睛老盯着别人干着轻松、高薪、体面的工作，而自己总是像蜜蜂一样辛苦，拿的薪水少得像别人那碗猪肉拌饭中掉下来的米饭粒。

但是，抱怨是不能解决任何问题的。抱怨并不能给我们带来高薪，并不能让我们得到提升，因为它不能让我们的业绩有所提高。

与其整天将薪水的高低挂在嘴边抱怨，不如改变心态，努力工作，提升自己的业绩。改变心态有多重要呢？请看下面的故事：

一头老驴掉进了一个废弃的陷阱里，很深，根本爬不上去。主人也懒得去救这头没多大用处的老驴，就任其自生自灭了。那头驴一开始也放弃了求生的念头。它掉进陷阱后，每天还不断地有人往这里面倒垃圾。按理说老驴应该很生气，应该成天抱怨——自己倒霉掉进了陷阱，主人也不要它，就算死也不让它死舒服点儿，每天还有那么多垃圾从头上扔下来。

可是有一天，老驴决定改变它的"生存态度"，它每天都从

165

垃圾中找到能维持自己生命的残菜剩饭，把"无用"的垃圾踩在自己脚下，而不是被垃圾所淹没。终于有一天，它重新回到了地面。

你想拿高薪吗？那你就马上改变自己的人生态度，停止无休止的抱怨吧！当你抱怨自己薪水低时，请先问问自己，这个月公司的销售业绩是多少，净收益多少，而这当中，你为公司做出的销售业绩是多少，创造的利润是多少。

许多企业都在努力寻找一种人——将企业的发展当做自己的一种责任的人！但是很少有企业能找到这样的人，在很多职员的眼里，从来没有把公司发展当成己任，也从来没有想过要与公司共成长，仅仅是想方设法去谋取更高的薪水。在这些人心里，永远只有自己的利益，一旦公司出现什么危机，他们会以最快的速度跳下这艘漏水的船，而不会想着怎样去抢救和保护它。这样的人或许可以谋取一份可以生存的工作，但很难会取得成就，而且经常喜欢抱怨待遇不好。那些极少数与他们相反的人，命运则与他们截然不同。

在华盛顿，有个叫瑞恩的年轻人，在一家著名的广告公司工作，他的总裁叫迈克·查理斯，年纪比瑞恩略微大几岁，管理精明，为人亲和。瑞恩的工作就是帮总经理签单拉客户，谈判过程中，瑞恩的谈吐让很多客户所折服。

公司运转特别好并承担了一个大项目的策划——在城市的各条街道做广告。全体员工对此十分惊喜，全身心地投入到工作中去。全市的每个街道都要做十几个广告，全市至少也有几千个，这给公司带来的经济利益和社会效应是非常可观的。

然而，半年之后风云突变。经过公司辛苦奔波，全套审批手续批下来时，公司却由于资金缺乏，完全陷入停滞状态。别说给员工发工资，就连日常的费用也只有向银行求助。公司前景暗淡，欠款数目非常大，银行也不给予他们答复。

当查理斯总裁召集全体员工陈述公司现状的时候，一下子人心涣散，人员所剩无几。未拿到工资的员工将总裁的办公室围得水泄不通，见总裁实在没有钱支付工资，他们各取所需，将公司的东西分得什么都不剩下。瑞恩并未放弃，这么好的机会，难道就这样付诸东流吗？他产生了一种莫名的感觉：沙漠里的人也可以生存。未到一星期，公司剩下的人已屈指可数，这时有人来高薪聘请他，但他只说："公司前景好的时候，给我带来了很多东西，现在公司有困难了，我得和公司共渡难关。只要查理斯总裁还未宣布公司倒闭，总裁留在这里，我永远不会离开公司，哪怕只剩下我一个人。"

很快公司只剩下他一个人陪查理斯总裁了，总裁歉疚地问他为何要留下来，瑞恩微微一笑，说："既然上了船，船遇到惊涛骇浪，就应该同舟共济。"

街道广告属于城市规划的重点项目，他们停顿下来之后，在政府的催促下，公司将这来之不易的项目转移到另一家大公司。然而在签订合同时，查理斯总裁提出了一个不可思议的条件：瑞恩必须在那家公司里出任项目开发部经理。

"这样的人才很难得，只要他上了你的船，就一定会和你同舟共济。"查理斯总裁是这样推荐瑞恩的。

一个公司需要很多精英人才，然而更需要不仅仅为薪水工作的人才。

瑞恩在加盟新公司后，出任了项目开发部经理，新公司还把原公司拖欠的工资补发给了他。

新公司的总裁握着他的手微笑着说："这个世界，能与公司风雨同舟的人才十分难得。可能以后我的公司也会遇到种种困难，我希望有人能与我共患难。"

在之后的几十年时间里，瑞恩始终没有离开过这个公司。在他的努力下，公司得到了更为快速的发展，现在他已经成为了这家公司的副总裁。

正如故事中的总裁所说，像瑞恩这样的人才十分难得，因为他懂得和公司同舟共济。而一旦公司摆脱困境后，瑞恩的升职加薪，则成了自然而然的事情。

想要赢得高薪就得先战胜自己

在职场中我们经常会遇到"跳槽族"。"跳槽族"顾名思义，就是不停地在职场上跳来跳去的人。他们做一份工作从来做不长久，做不到几个月，就会觉得这个不适合，那个也不满意，在不同岗位、不同职种间跳来跳去，工作时间没几年，企业却已经换了十几家。

这些人如果在不断的更换中能够有职位和薪水的上升也就

罢了，问题是他们工作好几年依然是"两无"人士，没有高职也没有高薪，反而一直在公司最基层的岗位上工作。原因是，这类人在每一次的工作中，都没能让自己的工作能力得到"质"的突破。

我们仔细观察一下身边的人不难发现，那些经常抱怨"这工作太难做了，这工作我做不了"的人，通常都是辞职几率最高的一部分人。他们天天喊着"工作难做"、"上班太累"、"老板剥削"，不满情绪越来越多，没几个月便辞职走人了。他们觉得，老板出那点薪水能请来的人，根本无法做到老板所安排的工作。有那么高的能力的人，不会只拿这么一点可怜的薪水。但他们也从来没有想过，以自己的能力，即使换一家企业，还是只有这点薪水。

即使不为公司只为自身着想，身为打工者，即使要离职，也得先让自己的工作技能有了质的提高，有了资本找待遇更好的工作再辞职吧？否则，你耗费那么久的时间做一份薪水很低的工作，临走时，既没有赚到钱又没有提升了自己的工作能力，你岂不是很吃亏？

但是问题又来了，有的职场朋友又说了，公司不提供专业的岗位培训，公司的"老前辈"又生怕"后生小辈"们学会了他的本事后跟他抢饭碗，所以从来也不教。自学吧，没人指点，又没有可行的实践操作。到底怎样才能提高自己工作能力呢？其实很简单，想提升自己，就要勇于挑战那些经常被我们抱怨的"很难做的工作"！

不要觉得你如果不会做一份工作，还是不要去做的好，免得将工作搞砸！记住，一个人如果永远做自己能力范围之内的事，那他的能力就永远不会得到提升。只有勇于挑战自己，将以前自己不敢做，认为自己完不成的事做到了，自己的能力才会得到一个巨大的提升！

克尔曾经是一家报社的职员。他刚到报社当广告业务员时，对自己充满了信心。他甚至向经理提出"不要薪水，只按广告费抽取佣金"的说法。经理答应了他的要求。

开始工作后，他列出一份名单，准备去拜访一些特别而重要的客户，公司其他业务员都认为想要争取这些客户，简直是天方夜谭。在拜访这些客户前，克尔把自己关在屋里，站在镜子前，把名单上的客户念了 10 遍，然后对自己说："在本月之前，你们将向我购买广告版面。"

之后，他怀着坚定的信心去拜访客户。第一天，他以自己的努力和智慧与 20 个"不可能的"客户中的 3 个谈成了交易；在第一个月的其余几天，他又成交了两笔交易；到第一个月的月底，20 个客户只有一个还不买他的广告。

尽管取得了令人意想不到的成绩，但克尔依然锲而不舍，坚持要把最后一个客户也争取过来。第二个月，克尔没有去发掘新客户，每天早晨，那个拒绝买他广告的客户的商店一开门，他就进去劝说这个商人做广告。而每天早上，这位商人都回答说："不！"每一次克尔都假装没听见，然后继续前去拜访。

到那个月的最后一天，对克尔已经连着说了数天"不"的商人口气缓和了些："你已经浪费了一个月的时间来请求我买你的广告了，我现在想知道的是，你为何要做这件几乎不可能做到的事。"克尔说："我并没浪费时间，我在上学，而你就是我的老师，我一直在训练自己在逆境中的坚持精神。"那位商人听着了这话点点头，接着克尔的话说："我也要向你承认，我也等于在上学，而你就是我的老师。你已经教会了我主动接受挑战这一课，对我来说，这比金钱更有价值，为了向你表示我的感激，我要买一个广告版面，当做我付给你的学费。"

很多时候，一个项目、指标或任务，初看起来几乎是没有可能完成的，但当你深入开采、寻觅搜索种种可能性以后，你也许会为你能取得的成绩而惊讶不已。有一些员工，包括公司，正是在迎战了好像不可能成功的挑战之后，才取得辉煌出色、令人艳羡的成功。

当一件貌似"不可能完成"的艰难工作放在你面前时，别抱着"避之唯恐不及"的态度，更别花太多的时间去设想最糟糕的结局，不断重复"根本不能完成"的念头——这和预演失败没区别。俗话说："一个人的思想决定一个人的命运。"我在本书第二章里就说过，不敢向高难度的工作挑战，是对自己潜能的画地为牢，只能使自己无限的潜能化为有限的成就。同时，无知的认识会让你的天赋减弱，因为你如同懦夫似的所作所为，不配拥有这样的能力。所以，各位职场人士，与其在面临一份看似困难的工作时选择跳槽，不如勇于接受挑战！

一位老板描述自己心目中的理想员工时说："我们所急需的人才，是有奋斗进取精神，勇于向'不可能完成'的工作挑战

171

的人。"

其实，这个老板的话映射了大部分老板的心思。换句话也就是说，一旦你真的做到了挑战自己，并且获得成功，那么你的老板很有可能会因为你勇于奋斗进取的精神，从而器重你。退一万步来讲，即使你的老板看不到你的努力，你的奋斗，或者即使看到了也不懂得欣赏你，不肯重用你，不给你升职加薪，但你已经积累了足够的能力，这时候如果你再次跳槽，自然会获得理想的职位和薪金！

必要的时候让细心来帮助你成功

有一家企业为人事部招聘高级文员，经过筛选，有三位刚刚参加实习的女大学生参加复试。

复试由人事部经理主持。

当第一位女大学生走进面试的办公室时，人事经理拿出一张50元的钞票，要这位女大学生到楼下去给他买一包香烟。这位女大学生觉得自己还没有被正式录用，就被上司无端指使，将来的工作一定会有很多麻烦事，于是干脆地拒绝了人事经理的要求，气冲冲地离开了面试的办公室。

第二位女大学生走进办公室后，人事经理又拿出了一张50元的钞票，要她去买一包香烟。这位女大学生很想给未来的上司留下好印象，于是爽快地答应了。可是，当她到楼下买香烟时，却被告知这张50元的钞票是假的。没办法，她只好用自己的50元买了香烟，又把找来的零钱全部交给了人事经理，对假钞的事只字未提。

第三位女大学生也同样被要求去买香烟。但这位女大学生很细心，当她接过人事经理递过来的 50 元钞票时并没有转身就走，而是仔细地看了看钞票，马上就发现这张钞票不大对劲儿，于是很客气地要求人事经理另外再给她一张钞票。人事经理微笑着拿回了那张 50 元钞票。第三位女大学生被录用了。

这个案例告诉我们，细心、认真对我们每个人，特别是对职场人士来说，十分重要。

一个人若要取得成功，有能力、有魄力、有正确的态度、积极努力都是必不可少的因素。但若具备了这些因素的同时，却有个粗心大意的毛病，那这个毛病很可能会成为你的致命伤，让你的很多努力事倍功半，严重时，甚至会导致你所有的努力前功尽弃！而若有细心的优点，不但会给你带来很多意想不到的收获，关键时刻，甚至还可以及时帮你挽回很多损失。

大家可以试想一下，细心对一个人来说有多重要：一个科学家如果在填报数据时，一不小心填错一个小数点，那么，他经过很久很久的努力才得出的结论，在报告给社会时，就因为这一个小小的误差，而致使数据错了十倍百倍！这十倍百倍的误差，最终很可能导致更加严重的后果！一个医生在给病人做手术时，如果他的器械比规定的范围多出了哪怕仅仅 1/5、1/6，就很有可能导致病人大出血，严重者，甚至有可能导致病人死亡！一个普通人，若去银行办理私人汇款业务时，汇款账单上哪怕只填错一个阿拉伯数字，都无法汇过去。倘若事情糟糕一些，那人并没有发现自己填错数字，而且对方的账户名与他要汇的账户名称相吻合，那最终的结果可能是个人的巨额财产损失！

细心是一种素质、一种修养、一种习惯。很多时候失误是无法挽回的，一个人无论从事什么职业，都要细心严谨。还是那句已经被我重复了好几遍的话——细节决定成败。

细心不仅仅是一种态度，更是职场"金"规则。有句话说的好，"懒惰之人做事马虎，冷漠之人做事敷衍，自私之人做事勉强"。你的上司或者老板，完全可以从你的工作态度，来判断你的能力，来决定自己对你的信任度。

笔者一个从事广告业的朋友说，"广告业竞争激烈，1%的失误就是零，就会失去客户"。

笔者一位在小规模纳税人企业做财务的朋友也曾说过，当初因为手头太忙，就想快些把事情办完，以至于网上报税时，在销售额那里多填了一个零，却没有仔细检查出来。结果致使公司多交了几千块的税金。此事被老板发现后，朋友当月奖金被取消不说，还要来回跑税务局追回损失。钱财的损失和个人的精力浪费都是小事，从此在老板眼中的形象下跌则是最大的得不偿失！

其实无论是从事广告业，还是从事财务工作，甚至可以说，无论哪个行业哪个职位，想要做好工作，都离不开细心。上学时，老师会跟你说："做题时一定要细心、细心再细心！"上班后，老板和上司会跟你说："工作时一定要细心、细心再细心！"

粗心大意是工作中非常致命的弱点。很多精明的老板和上司特别容易观察到员工的细微之处。办公室私人物品凌乱、做事丢三拉四的作风往往会使工作犯错。某些重要的工作，如开发设计、会计、金融等，是不能犯错的。试想，如果你是老板，你会让一个笔迹潦草、笔记本乱丢、做事粗心的人做你的会计吗？你也不会吧？因为这样的工作，一个数字的偏差可能就会令公司蒙受重大损失，而有的责任不是普通的打工者能承担得起的。所以，多留心、多思考细微之处，能在工作中不断反省，就能不断获得进步。工作中所建立的关系，一般而言都是同事关系、领导和下属的关系，你的同事和领导并非父母、师长、朋友，会处处迁就你，原谅你的一些小错误。相反，你的上司很可能因为你的一些小错误，就不再重用提拔你。在他们看来，如果不能端正平时随便的态度，工作是永远做不好的。而一个做事细心，力求每一个工作细节都做到完美的员工，则更容易得到提拔和重用！

G公司的小李，曾经在接待客户时，就因为表现良好，而被老板升为部门经理。原来，那位客户来G公司考察时，小李被安排为专门的接待人员。期间，小李一直力求细心周到地做好这份工作。因此，那位客户对小李的评价很高。后来有一天，客户和老板一起坐车出去吃饭。小李当时观察到天气起了变化，因此临出门时，带了两把伞。等车开到所在饭店后，天果然下起雨来。如果老板和客户在雨中朝饭店里猛冲，自然会十分有损形象。小李此时很镇定地递给了司机一把雨伞，他和司机一人撑起一把伞，分别将老板和客户有礼有节地送到了饭店内。事后，老板虽然没有说什么，但在小李所在的部门经理离职后，老板在小李和另一

175

名工龄能力都跟小李旗鼓相当的员工之间，果断地升任了小李为部门经理！

通过小李的案例，相信聪明的职场朋友都会明白，细心对一个人来说有多重要！关键时刻，很有可能只是因为你比别人细心，而给你带来巨大成功！

看到别人看不到的才是强者

相信我们中的很多人，对世茂集团董事长许荣茂的名字，一点也不会感到陌生。

市面上关于许荣茂的发迹史，流传着好几种版本。但总结下来，大致无非如下：

最初，许荣茂受到从医的父母对他的影响，选择了中医，然而这对他日后从商大有裨益。"中医讲究平和，不会为一些小事急躁。我觉得有一些人很聪明，但暴躁起来不考虑后果，这是做事业的大忌。"也因此，20世纪70年代到香港寻求发展的许荣茂能平和地正视自己的生存状态："我当时只会讲闽南话和普通话，所以从事中医没有先决条件，病人说什么我都听不清楚。"他打的第一份工是在药店里当伙计，只几天的光景，因为不能适应粤语，就跑到工厂去了。

一个偶然的机会，他当上了证券经纪人。几经辛苦，有了积累后，他自己开设了一家金融公司。他从1981年到1983年的两年时间里，赚得人生的第一桶金。

32岁的许荣茂身价已过千万，开始在资本市场上长袖善舞："在金融市场我比较顺利。很多人第一桶金可能要经过长期的拼搏，我运气稍好一点。不过我对经济非常感兴趣，如今还一直阅读经济方面的书籍。"据属下讲，许荣茂对数字敏感，心算过人。

他的传奇也由这里开始。觉得还是做实业踏实的许荣茂，在20世纪80年代中期将资金投向纺织和成衣。在香港、内地开设工厂。

最重要的人生机遇是在1989年。"这一年我转做房地产。以前做服装特别累，员工多，业务量大，但利润微薄。帮美国人做加工，等于为他人做嫁衣，成衣后贴上他们的标签，没有自己的品牌。这虽然也是实业，但缺少满足感。现在我们建一幢幢雄伟壮丽的大厦，既能美化城市，改善人们的生活，又给自己带来事业成功的欣慰。"

此后的10多年里，许荣茂南征北战，不管房地产形势是高峰，还是低谷，他的事业总能蒸蒸日上。其子许世坛将这一切归功于父亲的眼光："他总能在别人看不到的时候看到。"当无人看好中国内地房地产时，1989年的他出巨资在家乡福建进行了一系列项目开发。然而当大江南北的中国房地产如火如荼时，他却携妻带子转到了澳大利亚搞起房地产。1994年，北京房地产低落时期，他却大举进入，以至后来的高档外销公寓在北京家喻户晓：紫竹花园、亚运花园、华澳中心、御景园等等，但许荣茂这个名字却鲜为人知。2000年北京房地产再上高峰，上海正是低谷，他又力排众议地将投资转向上海，这再一次证明他有自己独特的经

177

营之道。

大多数人真正开始注意许荣茂是在 2000 年 8 月，因恒源祥而闻名沪上的上海万象集团突然宣布正式变更第一大股东，神龙见首不见尾的许荣茂才浮出水面。

许荣茂的成功，很大一部分原因在于他独到的眼光。他细心地发觉到别人所看不到的商机，靠自己独特的经营之道，成为了商场上的胜利者。

通过仔细体味成功人士的成功之路，我们往往可以反省到自身的不足，并学习到他们的一些优点。即使你此生不想成为叱咤风云的大人物，你只想做一个职场中的小人物，但这不代表你就不用努力，不用寻找正确的方法。只要你想继续生存，你也必须努力。你和那些商场精英的区别仅仅在于，你的运气比他们差一点，你所付出的努力比他们少一点，你所担的责任也比他们少一点。即使你仅仅想在职场中获得一份自己理想的薪水，你也必须为此付出代价——时间、精力、头脑！人生于世，犹如激流勇进，在尘世的逆流中，你必须想办法往前走，因为不进则退！

实在学不到那些精英们能力中的精髓，只学一些皮毛也是可以给自己带来巨大收益的。而那些收益，有时候不仅仅体现在职场。

比如，我们就可以从许荣茂身上学习他"看到别人看不到的"优势。

我们可以这么试想一下，假如你目前的月薪是 5000 元，你最近很难在职场上再有所突破，而这份收入距离你的收益还差一些，你要怎么办？自然是另想财路。

　　好吧，假如你选择了一条十分省力的财路，你想要钱生钱，于是你去买股票和基金！

　　要知道，像你一样的人很多，但是，绝大多数的投资者是盲目的，所以，跑赢大盘的投资者还是很少的。甚至在前些年的股市大牛市中，很多投资者都能输个倾家荡产！但是另一部分人就不一样了。当时，我就有两位细心的朋友小赚一笔。他们当时会赚到钱的原因很简单，因为他们两个当时很细心地发现农产品涨价了。很少会有人把这件事跟股市联系在一起。但是，他们两个却将手上的闲钱拿去投资了农业类股票，没多久，农业类股票全部暴涨，很多农业股甚至涨停。我这两位朋友，其中一位赚了20万元，另一位则赚了33万元。可是为什么大多数人没有把握住这次机会呢？因为，大多数人把股票跟现实生活隔离开，把股市孤立起来，所以，别人看不到的机遇，他们也看不到！

　　当然，如果能将这种优势用在职场，也可以获得很大收益。我曾亲眼目睹过一件靠细心观察为自己赢来薪金的事例：

　　一日，我去找一位开美容院的朋友谈事情。期间，来了两位女客，其中一位是陪同朋友一起来的。那位陪朋友来的女客并不是我朋友那家美容院的会员，她当时也没有办理任何一家美容院会员的打算。但是，这并不代表美容院的美容导师们会"放过她"！那些年轻漂亮的美容导师们，一边十分细心周到地为其中一位女客服务，一边跟那位不是会员的女客人闲聊，并努力向她灌输容貌对一个女子的重要性，还拼命向她描述，倘若使用了她们的产品，享受了她们的服务后，皮肤和姿色将会得到多么大的改善。那位女客很健谈，也很乐意跟那些姑娘们闲聊，但她显然已经见惯营销场面，丝毫不为所动，还言称自有自己的一套养生美容之法，并不打算再付钱请她们为自己服务和指导！

就在众人看她意志坚决，不容易被"攻克"下来，纷纷表示败退后，一个一直沉默不语的年轻美容导师，给那位女客倒了杯茶，并对她道："这位女士，您刚才说了那么多话，我看您的茶水喝完了，所以给您换杯新的来！"

那位女士对那位年轻的美容导师说了句："谢谢。"然后将多半杯茶水，一饮而尽。

那位美容导师道："女士，我看您好像很喜欢喝茶。刚才那杯，您也是很快就喝完了，这杯又是很快喝完了。"

女客人笑说："是的。"

美容导师接着说："难怪您的皮肤这么好了。"

女客人听后心情大好，并对美容导师道："其实我最喜欢喝白开水，但也很喜欢喝茶，不过很少喝到刚才那么好喝的茶水！"

美容导师说："那个是我们美容院特制的美容花茶，排毒养颜效果奇佳，尤其里面一种特有的植物成分，对改善皮肤有很大帮助，长期饮用，会让人的皮肤变得更加水嫩有光泽。即使觉得自己不需要做美容的女士，也可以单纯地将这种花茶作为一种健康饮品来饮用，这种花茶的味道清雅香醇，市场上都买不到。"

女客人听后，很痛快的取出 300 元现金，买了两盒这样的花茶。

等那位女客走后，我迫不及待地要了杯那样的花茶尝了尝，觉得味道很普通。那位年轻的女美容导师对我说："刚才那位女士说了那么多话，肯定口渴，口渴的时候无论喝什么饮品，都会觉得比平时好喝很多。更何况，刚才那位女士又是一个喜欢喝茶的人！"

我朋友的美容院当时刚刚推出这款花茶，为了打开市场，对于销售出花茶的美容导师，不计成本，一律给予 50％的提成。换句话也就是说，那位美容导师因为出售的两盒花茶，得到了 150 块薪金。大家不要小看这 150 块，对于很多美容院的美容导师来说，正是几块、几十块、几百块的销售提成累积起来，才让她们有了一个比较满意的月收入。而故事中我所提到的美容导师，是我朋友的美容院里，唯一一个月收入过万的美容导师！我相信，那个女孩子只要肯努力，她将来的成就，绝不仅仅是一个月收入过万的美容导师而已！

心态决定命运，细心助人走向成功。只有细心观察，发现那些别人所看不到的事情或者机遇，才会让我们成为强者——无论是生活中，商场中，还是职场中！

明白自己的位置

只要看过地球仪的人都知道，地球仪上准确地标注出了经度和纬度。大家不要小看这个定位的意义。如果想让轮船在滔滔大海中航行，还能准确标示自己所处的位置，并保证船只不触礁，全靠它们。如果想让飞机在茫茫云海中穿行，却没有迷航的困扰，还得靠它们。因为那些准确的定位，可以让飞机和轮船明确自己的位置和自己航向所在目标！

其实职场之上也是如此。我们每个人都有自己的专业，自己独特的经验、自己某方面过人一等的能力。我们每个人也都会因为这些因素，被企业或者社会安排在某一个特定的岗位上！只有每个人发挥自己所长，各司其职，才能让公司或者整个社会有效地运转。

中国有句古语"知己知彼，百战不殆"，说明知道自己多么重要。但是在职场中，很多人往往把"知己"和"知彼"摆错位置。连"知己"都做不到，就先妄想"知彼"。试问，一个人如果连自己的优势、长处、特色、自己所处位置都弄不明白的人，又如何会明白为什么别人可以比自己强？这类人常常将目光投射到身边的同事身上，不明白他的同事们凭什么占据那个职位，又凭什么得到升职。他们在内心深处质疑别人的位置的同时，也失去了看清楚自己位置的机会。

一个人如果连自己的位置都搞不清楚，那么即使你再努力、再认真细心，又怎么会获得成功？你明明身处"没有技能、没有经验、没有资源"的刚刚毕业的大学生的位置，你的优势就是掌握着扎实专业的基础知识和追求进取的热情，但你却偏偏看不到自己的优势，反而盯着那些实践经验丰富，但工作却不如你热情努力的老油条看，你自然越看越觉得这人工作态度一点也不如你，不该比你拿更高的薪水！如果你身处"按部就班、缺乏创意的执行者"的位置，那么遵从指令、有效落实的执行力就是你的优势，你一定要盯着在前方冲杀的销售人员每月三四倍于你的薪水看，你自然心理不平衡！

看不清自己的位置就好比飞机飞错了航向，即使机长再小心指挥，飞行员再小心驾驶，一干人细心加小心地躲过了一个又一个云层，最后的结果，仍然只会是一败涂地！

所以，身在职场，必须要明白自己所处的位置！

2500 多年前，中国古代军事家孙武写下了奥妙精深、影响深远的军事著作——《孙子兵法》。《孙子兵法》不仅仅是我国古代军事上的成就，后人很多还通过研读《孙子兵法》，总结出了种种适用于其他事务的方法和定律。仔细研读《孙子兵法》你会发现，书中反复强调着一个概念：位置。战场上，军事指挥员无论职位高低，都要在瞬间能清楚回答三个问题：我在哪里？敌人在哪里？友邻部队在哪里？对这三个问题的回答是决定战斗胜败的前提。也就是说，位置感决定了参战者的命运。指挥员必须明确自己的位置，并从这个位置出发，为应对战场局势做出符合实际的决策。用今天的话说，就是"从实际出发"。在职场中，每个人都有自己固定的位置或岗位，恪尽职守——摆正位置是职场第一要务。

职场人士最大的悲剧不是失败。失败并不可怕，跌倒了站起来就是了。最大的悲剧在于不清楚自己今天在什么位置，明天应该在什么位置，这种状况被称为"岗位迷失"。不清楚自己今天的位置，眼前的成长机会没有了；不清楚明天应该在什么位置，未来也没有了。在部队中，军人们受到的教育是，要时刻摆正自己的位置。一名新兵到部队，首先要确定自己的位置，明确自己的岗位要求：自己的职责是什么？谁是自己的班长？谁是自己的战友？

如果将这种思维换到工作中，那你就得这么想事情：如果我是前台，不迎来送往、微笑面对，又去干什么？如果我是个秘书，不写材料、接听电话，又去做什么？如果我是财务，不记账报销，我又去做什么呢？这么些琐碎的事情要我去做，我不会烦，也用不着去恼，"我就在这里"，我的位置不可或缺，我的工作是公司这架快速运转的大机器上少不了的一颗螺丝钉。岗位决定了我的职责，职责就是我存在的意义。我自信而且骄傲地知道，"我就在这里"。这里有我的今天，今天的一切将为我打下厚实的基础；那里会有我的明天，明天的一切将以今天我在这里的付出而赐予我收获。

如果可以认识到这些，你将会心胸开阔，多一些坦然面对，少一些怨天尤人，在脚踏实地的工作中，开心自然而然将伴随着你一路上进。知道自己该干什么不该干什么，准确找到自己位置的人，必将赢得欣赏、赢得尊重，也必然获得未来最大的上升空间。

所以，既然已经身在一家企业打工，那就必须认准自己的位置。

如果你是公司的销售人员，那么恭喜你，因为这个职位最容易显出绩效。销售人员为公司攻城拔寨，很容易能够让老板看到成绩，也很容易成为同事与客户眼中的明星。但你必须要明白，一个销售人员应该具备的素质：个人能力过硬，斗志顽强，意志坚定，判断准确，反应敏捷！

如果你在公司的策划部、市场部工作，那么也恭喜你。因为能在这个部门工作，说明你有思想、有前瞻性，还有实现思想的实际操控能力，否则老板不会给你安排这个职位。你们的意志，决定了公司的发展走向！

摆正位置，需要在内心保持一份基本的道德操守。蒙牛集团董事长牛根生曾告诫自己的员工：有德有才，破格重用；有德无才，培养使用；有才无德，限制使用；无才无德，坚决不用。

恪尽职守，首要的前提是明确自己的位置，这就如同哨兵要知道哨位在哪里一样。世界上没有哪支军队会提拔、重用一个不遵守哨兵职责的士兵；同样，世界上也没有哪个企业家、管理者会重用一个没有基本职业操守的员工。

清楚职责，按本色做人，按角色做事，是职业、社会对每个人的要求。然而在实际工作中，不按角色做事又是职场中的普遍现象，所以"高薪"也就成了少部分人的"专利"！

从个人职业成长角度看，恪尽职守，也是一种职业素养和修炼。

摆正位置，恪尽职守，是有远大职业规划的员工所必备的心态。无论是管理者，还是被管理者，明确自己的位置，才会得到老板的重用。当然恪尽职守并不是让你放弃理想抱负，而是为成为优秀管理者所必经的磨炼。只有做好自己的岗位，才有可能为下一步的晋升铺上踏垫。

公司利润是和员工的努力挂钩的

在很多企业中，大部分企业管理人员都遇到过一些类似这样的问题：

1. 想到了要努力扩大经营范围，可是有些新项目多少年也做不到，迈不出传统经营范围；

2. 努力抓了一次质量合格控制方法，但不该出现的问题仍然时有出现，就连低档的简单质量事故也偶有发生；

3. 规定了设备维修保养计划，可是仍然会出现意想不到的设备事故，无法做到有效地事先预防；

4. 全力抓了采购招标工作，但仍然有的物料价格没有降到市场最低水平；

5. 努力做了稳定员工队伍的工作，但仍有不想让其离开的技术骨干离开；

6. 成立了客户资信管理科，设立专门追收超期账款人员，但仍然有少量难以回收的账款。

之所以会出现以上的情况，很大一部分原因是因为员工本身的素质问题。员工缺乏执行到位的素质，缺乏将执行力贯彻到每一个细节的概念！

北京华联印刷有限公司董事总经理张林桂曾经指出：经营成功的根本要靠素质高的人，人的素质决定着企业未来发展趋势。迅速变化的市场让我们眼花缭乱，激烈的竞争让我们经常顾此失彼。经营要有计划，但不能完全靠计划，很多经营问题不是用心策划就能搞清楚的事。经营是那么活泼而多变，有很多无法预测的因素。要把事情做好，没有他途，唯有靠人，靠人的素质，人的能力。

对于企业主管来说，日常面对的主要是数量和物质。数量、物质对于今天来说是重要的，这是毋庸置疑的。问题是，不能忽视素质和精神问题。素质、精神对于未来来说是更重要的。

素质是人内心世界和外在世界的互动联系程度的反映，精神是人生存发展的原动力。所以，看企业的好坏，眼前看数量，长远看素质。

员工的质量意识素质就与企业的质量工作息息相关。素质低的员工精神世界简单而低档，他们只为赚钱而干活，他们不清楚产品质量与企业的生存发展到底是什么关系，如果不对这些员工进行有效的培训，产品质量不可能持续提高。如果这些员工的质量意识素质不能逐步提高，如果这样的员工过多，则决定企业本身就是质量意识低素质，公司的产品质量无法保证。

我们不能被眼前的进步蒙蔽眼睛，同一数量的背后，可能有不同的素质作为支撑。不同的素质作为支撑就会有不同的明天。高素质企业的业绩会呈上升趋势，明天会更好；中素质企业的业绩会在同一水平小幅波动，明天看不清；低素质企业的业绩会呈下滑趋势，明天会变差。

为了上升，就要把低素质向中素质拉，把中素质向高素质拉，不断提升素质以保证业绩呈上升趋势。不少辉煌企业轰然倒下的原因是忽视了人员素质低下这一重要问题。

那么怎样才能算一个高素质的员工？

业务精通、技能精湛，是员工在本岗位上应该达到的职业素质要求，也是企业发展的动力。无论你从事的是什么工作，不管你所在的岗位条件如何，只要你潜心钻研业务，坚持不懈地努力，就能达到专家的水准和境界，创造出一个又一个奇迹，那么就能处于持久的竞争优势。

态度决定结果，良好的工作态度就是要有主人的心态：只要我在做，我就要全力以赴。如果你能每天怀着一颗感恩的心情去工作，你一定会收获更多。身为员工，要想在职业生涯中有更大的发展，工作就要勤勤恳恳、一丝不苟。如果你认为做别人不太愿意做的事就会吃亏，因而与其他人一样排斥这个工作，那你就和其他人一样，永远也不可能脱颖而出。在工作中只有做到辛勤、踏实、努力、负责、忍耐，才能成功。

想在工作中表现得更出色，办法只有一个，那就是积极主动、全力以赴地投入工作。做事不要做给领导看，更不要等别人来监督，要以一种真诚的态度对待工作，不敷衍了事。

身为员工，无论从事什么岗位，都应该精通它，成为自己职业领域的专家。如果你是工作方面的行家里手，就能赢得良好的声誉，那么，你就永远不会失业。

我们常常说一家公司有没有发展的前途，要看三样东西："一是有没有一个好的产品，产品的好坏决定了一切运作的最终结果是否能够让市场接受；二是有没有一个好的领导，这意味着这家公司能否在以后的日子中保持一个稳定的发展；三是有没有一批好的员工，这是公司能否在竞争中取得主动权，在发展中获得成功的一个重要基础。"

创造利润是企业生存的根本，因而企业每一位员工努力的方向就是如何为企业获取更多的利润，这应当成为每一位员工的共同目标。企业的发展与个人的发展是相辅相成的。企业的管理人员应充分调动每一个员工的生产积极性，比较切实有效的方法自然是对有贡献的员工进行物质奖励。只有每一个人上下一心，企业才能有更好地发展，同时员工也能更好的发展。只有弄明白了这些，大家才会竭尽所能，为公司的发展贡献自己的力量。

得到高薪并不难

　　在经过前面几章我和大家分享的内容后，想必各位职场朋友已经明白，要得到高薪其实并不难！

　　首先，我们必须努力工作，为公司创造效益。只有员工一起努力，公司才会有一个好的效益，而只有一个效益好的公司，才有资本和可能给员工优厚的待遇。

　　当然，只有努力是不够的，我们还必须提升自己的能力。这个能力，首先是指自己的专业技能。我们必须掌握扎实的专业技能，才能谋得一份工作，否则其他都只能是空谈。其次，能力还包括其他方面的综合能力，比如人际交往能力、与人的沟通能力、领导能力、管理能力等等！不要觉得想具备这些能力是不可能的，事实上，只要你回顾一下自己几年的工作经历就会发现，其实，你一直在通过工作增长自己这些方面的能力。如果你想得到高薪，那么你要做的，只是刻意关注一下自己能力的提高即可！

具备了前面两点条件后，还必须具备一项看似不起眼但却最终成为决定你能否取得高薪的关键因素——细心。请永远记住，无论什么行业什么职位，唯美的细节都是成功的要素。而只有细心的人才会注意到更多的细节，细节的完美，又决定了你完成工作的质量。只有工作质量高，才更容易得到老板的欣赏和器重！这是我们在第二章最后一节里，就已经分享过的内容——细节是必不可少的高薪法宝！

除了努力、能力、注意细节，我在此为大家再支几招，这些都是我经过多年总结，调查过很多高薪人士后，得出来的结果。上班族如果能灵活运用以下几招，取得高薪将不再是难题。

1. 慎选公司

高薪资来自于公司的高绩效。或许很多求职者，以自己目前的资历，还无缘进入那些名企、高绩效企业，但至少，我们可以选择一些比较有发展潜力的企业。如果一家公司经营状况堪忧，毫无潜力可言，追求高薪无异于缘木求鱼。所以选择公司时，必须注意到以下两点：

第一点：公司体质是否健康？体质健康的组织或许偶尔会生病，但都病不倒。反之，体质不佳的组织不病则已，一有风吹草动，就可能重病不起。上班族应着重分析导致绩效好坏的原因所在，更应关心的是影响绩效的结构性因素，而不是目前的绩效表现，如：组织决策、流程品质、员工素质、核心技术等。结构不良的组织，个人再努力都很难力挽狂澜。这就如一部结构松散的汽车，再好的司机也开不好，巨轮泰坦尼克号的沉没，绝不仅仅是某个船员的错。

第二点：领导人是否具备前瞻性眼光？如果领导人具有前瞻性眼光，企业就更具有扩充性，绩效空间因此具有发展性。个人有发展空间，薪资增长自然水到渠成。反之，领导人急功近利，目光短浅，将没有稳定的绩效基础，薪资增长成为意外，高低之间并无规矩，高薪只是一种机遇，谈不上是成就。选择公司时，不妨随机访谈该公司员工，观其对领导人的评价。

2. 卓越绩效

高薪也来自于个人工作的高绩效。但绩效表现不错却未必得到相应报酬。这主要是因为主管没有看到你的绩效，或是不经意间忽视了部属的表现。比如：一位员工协助主管完成了一个项目的规划，尽管得到管理层的肯定，但后来项目因故终止，主管很可能就会忘记这位员工在这项工作中的出色表现。因此，聪明的上班族不仅是创造绩效，更应力图使绩效"可见化"。最简单的做法是，为自己建立绩效清单，每季或每半年填写一次。

一旦有了绩效清单，在年终考核面谈时，可以成为有力证据，争取较高的绩效评估，增加调薪水准。

3. 众志成城，利人利己

这是一个强调专业分工，团队合作的时代，大多数个人成就是有限的。在这种环境下，能够领导众人，众志成城，发挥团队力量，创造绩效的人就成为奇货可居的人，高薪自然不在话下。因此，成为高效能的领导者，领导部属，开创绩效，使企业获利，也为部属的薪资开创极大的空间。

4. 关键才能，奇货可居

如今科技进步，资讯发达，企业竞争已从传统的产品战，演变成为行销战、策略战等全面性的竞争。企业之争便是人才之争，掌握关键技能的人，已成为企业竞争的利器。这类人才都是企业高薪聘请的对象。上班族应该时时注意整体企业环境正发生哪些转变，并且思考在这样的转变下，企业需要什么技术或才能，以便及早准备，提升自我价值。

这里除了强调要掌握关键技能，更强调要建立一套快速掌握关键才能的学习机制，一旦关键才能不再关键，立刻建立下一个关键才能，使个人价值在持续挑战中水涨船高。

5. 丰富阅历，价值非凡

企业竞争激烈，使得企业愿意付高薪给两种人：第一种是上文提到的掌握关键技术的专才，第二种则是阅历丰富的通才。阅历丰富的通才，可以有效整合企业内高度分工的各项资源，形成"综效"。企业人应该把握各种机会丰富自己的阅历，如：参加项目规划，派驻国外，在参与的各项工作中，均应尽心尽力，当做学习的机会，充实自己本专业以外的知识与技术，假以时日，自然造就非凡价值。

6. 高薪真谛，价值至上

最后一招，也是最重要的一招，就是不要追求高薪，而要追求增加个人的价值。薪资是反映一个人或一件工作的价值。如果一味追求高薪，而忽略了薪资仅是个人价值的反映，不免舍本逐末。没有个人价值为基础的高薪，仅仅是一时之快，距离乐极生悲也不远了。前几个秘诀，不外乎是创造价值的环境、修炼及表现价值的要领，全部皆以价值为核心。所以，追求高薪的第一步是要忘记自己要追求高薪，而尽全力创造价值及表现价格。个人价值和能力大幅度提升后，薪资的提升只是水到渠成的事！

Chapter 5　职场必胜一点通

决胜职场要注重细节

　　职场从来不像我们曾设想的那么简单，而复杂的职场也不是我们认为的那么丑恶。这个世上更多的人，因为种种原因，无法在家从事家庭主妇或者家庭主夫的"工作"，只能进入职场打拼。而进入职场打拼的人里，有相当一部分人迫于生存压力，或者仅仅为了自己好胜心，必须拿到高薪！

　　既然无法终日蜷缩在安全的壳子里，那不如大方坦然地面对职场，用自己的智慧，游刃有余地行走其中。

　　身在职场，必须拥有审时度势的能力。每一位职场人士都应该明白自己的位置以及在这个位置上应有的得体言行。我有个叫琳的侄女，大学毕业初出茅庐时，曾经在大老板来视察时冲上去握手自我介绍而被部门经理冷落两年。每个人都有进取心，都想出头，但必须学会审时度势，我们才能去做与自己身份相符合的言行，什么时候前进，什么时候避让，什么时候开口，什么时候沉默。

我们不妨将一个懂得审时度势、懂得人情礼仪规矩的人，称为有"职商"的人！想决胜职场，必须要有"职商"！如今的职场，很多时候已经演化得像战场一样，而"职商"就是积累王道的才能、度量、谋略和权威的同时，也吸收诡道的机智与变通，在自身实力并无绝对优势的情况下，通过选择对手、隐藏实力、计出奇兵等各种手段实现最终的胜利。

一条路走不通了，有"职商"的人不会钻牛角尖。他知道什么时候该坚持，什么时候该退让。他们不会耿耿于怀，也不会傻乎乎地去争那"一口气"。保持头脑的灵活与好奇心，保持身手的敏捷与眼光的长远，永远给自己留一条后路。

职场虽然不尽如我们想象中的那么丑恶，甚至还自有其很多美好的方面，但毋庸置疑的是，职场是很残酷的！在职场打拼，既要有过人的能力，又要肯努力，还要有足够的"职商"，懂得审时度势，懂得人情世故。不过，在明白了这些事之后，仍然不够，你还必须要拥有决胜职场的必杀技——注重细节。只有做到了这些，你才能够真正地笑傲职场！

那么注重细节究竟有多重要，又需要在哪方面注意呢？我在此，将自己的一些心得、体味或者技巧写下来，希望能对各位职场朋友有帮助！

细节一：要站在老板看得见的地方。

如果你只是一味埋头苦干，那么你的积极、你的努力、你过人一等的执行力，就很难被人发现。说一句很现实的话，所有职场人士的工资高低，都是由老板来决定的。你再能干，干得再多，如果老板看不见，那你依然很难获得晋升，取得本该属于你的高薪。

老板不是神，老板也有自己的事情要忙，甚至可能比你更忙，所以，老板不可能完全了解到你的工作状况，如果你是老板的直接下属还好，如果不是，那么你的老板或许连你的名字都记不住。一个企业里有几百、几千名员工，再大一些的企业，能有上万名员工。这种情况下，如果你不努力让人发现，那么，你的努力很可能会被埋没在人海里，即使你是一块"金子"，都有可能被埋到沙子里，从此永无出头之日。所以在日常工作中，大家不妨使用一些小技巧来引起老板注意，但要切记，实施这些技巧的前提，是你确实在努力工作。

比如，要开全体职工大会了，那么你要视你的情况和身份而定，尽可能地坐到靠前的位子上。按照中国人低调行事的思维，一般而言，大家都会争着做后面的位子。可是，你坐得那么远，你的老板怎么能看到你？如果他连看都看不到你，又怎么会注意到你？如果你不是个普通职员，你本身就是公司的管理阶层，那你更应该坐到前面的位置上，以显示你对会议的重视程度。这种情况下，你很难不被老板注意。假若他注意到了你，而你又刚好是一个业绩优秀的员工，那么你说，你离升职加薪还远吗？

细节二：要多向老板谈你的看法。

一个企业，或多或少总有些不够完善的地方。你要努力发现不足，并在你所能解决的范围内，向老板指出公司不足并提出解决的方法。不要担心老板会觉得你麻烦，相反，这是关心公司的一种表现。即使老板不同意你的观点，不采纳你的意见，但是，你要向老板传递的信息，老板已经收到了，他会明白，你在用心为公司做事。

细节三：精神焕发。

一定要"行得正、坐得端"，并且保持面容精神。没有一个老板愿意看到自己的员工整日精神委靡。只有一个看上去朝气十足、精力充沛的人，才更容易获得老板赏识和注意。

细节四：要多微笑。

微笑是会传染的。一个人的好心情，不仅可以带动周围的人心情愉悦，还能防止自己被消极情绪感染。一个阳光爱笑的人，能给公司注入新鲜的活力，让一个公司氛围更加轻松愉悦。这不仅能让同事更容易投入工作，还能减少大家厌倦工作的情绪。身为这样的人，老板想不注意你都难。

细节五：让你的周围始终保持清洁。

千万不要让自己的办公桌堆满了文件、书籍、笔记本。一个杂乱的办公桌，落在老板眼里，会让他觉得你做事没有条理、没有头绪，还很容易误会你有厌烦工作的情绪。相反，一个整齐干净、有条有理的办工桌，则能给老板带来良好的印象。这样，老板才会更放心地对你委以重任。

细节六：预备几个小笑话。

多预备几个笑话，当然并不是为了让你在上班时间给大家讲笑话。但是你应该多预备几个笑话以备不时之需。比如，在公司的派对上，同事们开始都放不开，气氛一时有些僵硬。这时候，如果你适当地讲几个让大家笑破肚皮的笑话，气氛一定立刻变得轻松愉悦起来。同事与同事之间，老板与下属之间，必定会少了很多的隔阂。这样的你，怎么可能被老板忽视呢？

细节七：知道公司里所有的事。

一定要了解你所有的下属、上司及同事，知道他们大概是什么性格，在公司里主要负责哪方面。如果你身在一个员工上万的大型企业里，那至少你要了解到所有部门经理、主管的名字、性格、能力、人缘等等。除了你自己所任职部门的情况外，还要多了解其他部门的情况。这样，才能让你的上司或者你的老板相信，你对公司的一切都非常了解，公司里的事情都在你的控制之下。在相同的能力和业绩之下，老板只会提升那个对公司情况十分了解的人。

细节八：尊重公司的文化和制度。

严格来说，这已经不属于细节或者技巧范畴了。无论你在哪里工作，必须做到这一点。很多职场人士都有一个认知盲点，认为只要自己做好工作，为公司创造更多的效益就可以了，对于公司的文化层次，根本不放在心上。记住，无论在哪里工作，你一定做遵守制度、弘扬企业文化的榜样！

细节九：电话要随身携带，随时保持畅通。因为这样才能让领导和客户随时能找到你。

细节十：领导交代自己的事情，就一定一盯到底。即使假手他人，也要记住自己是这件事情的第一负责人。

细节十一：要积极汇报问题。对于一些重要事情，要分段进行汇报。今天做到哪一步，明天应该能做到哪一步。

细节十二：请示领导时，一定要说出自己不少于两条的建议，分析利弊。让领导给予指示。

细节十三：对待领导要尊敬，但绝不要唯唯诺诺。

细节十四：待同事，要多请教，但绝不要低声下气。

细节十五：永远不要打同事的小报告，这样领导也会看低你。只能说明你人品有问题。

细节十六：无论什么时候，当你评价同事的时候，要一分为二。先说优点，再选择一些无关紧要的缺点，以建议性的口吻告之。

细节十七：尽量避免卷入任何小团体当中。

细节十八：永远不要越级汇报。如果大领导找你谈话，可以在适当的时候告知主管领导。

细节十九：当领导批评你的时候，一定要沉默不语。绝不要随意承认错误，即使这件事情你确实错了，也要等领导批评完，然后告诉领导我回去好好想想，随后再找领导承认错误并提出弥补建议。如果这件事情你是对的，也按上述方法，告知领导是自己想的不全面、不到位，最后给领导的是建议性的想法。如果在领导批评你的时候，急于提出反对意见，假使双方当时有一方情绪不佳，很容易出现上司下属吵架的情况！

聚集财富必不可少的因素

通过了解富豪们的经历，我们会发现，一般而言，他们都有三个共同点：一、过人的能力。二、细心灵敏的触觉。三、机遇。

20 世纪 70 年代以来到现在，中国出现 5 次大的财富浪潮，所有抓住这几个契机的人，都已经成为世人艳羡的成功人士！

中国财富第 1 次机遇——个体户暴富时期，时间是 20 世纪 70 年代末和整个 80 年代。

20 世纪 80 年代初，摆个地摊就能发财，可很多人不敢！这个时期中国刚开始实行改革开放，大部分的人追求的只是考大学，进国家的企、事业单位。而这个时期的个体户大部分是些生活在社会底层，文化素质低的人，但是他们抓住了机遇，成了中国社会第一批富翁。

中国财富第 2 次机遇——炒股票暴富时期，时间是 1986 年到 1992 年。

20 世纪 90 年代初，买只股票就能挣钱，可很多人不信！

1985 年，在中国绝迹了 30 多年的股票重登上海滩，上海市民报以了极大的热情。

刚发行时，很多股民早上 3 点就起来冒着一5℃的低温排队买股票。一个老股民回忆起当时的情景，"我在交易所外转了一会儿，100 元就变成了 200 元，200 元又变成了 800 元……为什么好日子过得那么快呢？"很多股民因为排队买股票而虚脱晕倒，这一时期股票一上市就疯狂地涨，造就了一大批富翁。1992 年以后这股热就冷了下来，除了一些庄家、大户，其他的人很难赚到大钱！

中国财富第 3 次机遇——房地产暴富时期。时间是 1992 年到 1993 年。

这个时期以海南和广西的一部分地区为中心，刮起了一股房地产热。很多人在这期间大搞权钱交易，迅速暴富，成为百万富翁、千万富翁、亿万富翁。后来由于国家的干预，这股热逐渐凉了下来。但是就在这短短的一年多的时间里却造就了很多富豪！

中国财富第 4 次机遇——IT 行业赚钱的时代，时间从 20 世纪 90 年代开始到现在。

计算不需要机器，但我需要计算机！IT 是 Information Technology 的缩写，意为"信息技术"，包含现代计算机、网络、通讯等信息领域的技术。IT 的普遍应用，是进入信息社会的标志。IT 包括电脑硬件、软件和应用。随着信息技术在经济社会各领域不断深化的应用，信息技术对生产力以至于人类文明发展的巨大作用越来越明显。党的"十六大"提出要"坚持以信息化带动工业化，以工业化促进信息化"，"优先发展信息产业，在经济和社会领域广泛应用信息技术"。明确了我国经济发展的道路，赋予了信息产业新的历史使命，当然也孕育了电脑硬件、软件和应用领域的财富。

中国财富第 5 次机遇——做保险、美容保健日用品直销时代，时间从 1991 年到 2005 年。

直销行业因为市场倍增、人际倍增、财务倍增，象限理论、管道理论、消费者参与世界财富分配理论等的综合导入和创新发展，成为目前全球四大商业零售分销模式（大卖场、连锁代理、直销、网上购物）中发展最快速的产品分销和通路建设的法宝，以及更多普通人创业成为百万富翁的更好选择！20 世纪 90 年代末，干保险和美容保健品直销赚钱，但有多少人在那时介入呢？倒是现在人们认同了就疯狂去跟风，结果又成为竞争激烈的行业。

每一次新商机的到来，都会造就一批富翁。

在这 5 次机遇中，短时间内迅速聚集了财富的人，无一例外，都是以他们细心灵敏的触觉嗅到财富的气息，在别人都还在懵懂无知的时候，他们看到机遇，抓住机遇，并以过人的能力利用机遇取得了成功！

李嘉诚说："当别人不明白的时候，他明白他在做什么；当别人不理解的时候，他理解他在做什么。当别人明白了，他富有了；当别人理解了，他成功了！"

其实，不只是在社会生活中，不只是在商场中，纵然是将这三点放到职场中，也将会是每一个职场人士的制胜法宝！试想，一个员工拥有了过人的技能，同时还能细心敏感地察觉到工作中的每一个细节问题，并且还能拥有升职加薪的良好机遇，这个人想不得到高薪都很难！但是有一点大家必须弄明白，聚集财富的三大因素中，机遇是排在最后一位的。拥有前两项因素，才是制胜的关键所在！因为，如果没有过人的能力、细心灵敏的触觉，即使机遇来临也终将被你错过！可以试想一下，假如你所在的部门经理辞职了，你面临一个很好的升职机会，但是你的工作能力不及同部门其他的同事，你的老板会让你做经理，还是会升任其他人？又或者，你的能力很强，你和另一个实力和你旗鼓相当的同事 A 都成为了老板眼中最佳的经理人选。但是 A 比你的触觉更加灵敏，他首先意识到，要做该部门的经理，仅仅有过人的专业能力是不够的，还必须有协调能力、领导能力，能更好地带领员工团结协作。于是，A 及时在老板面前展示了自己除了专业技能以外的领导力。而你，你还在傻乎乎地埋头苦干，觉得只要勤勤恳恳做事，老板一定会重用你。谁知等到最后的结果却是，老板在周会上亲自任命 A 为你所在部门的经理！

假如目前你只是一个普通的职场人士，可你又不愿意一辈子给人打工，你需要获得高薪，迅速累积创业资金，那你一定要记住本节中提到的三大要素！

这个世界上没有什么人是天赋异禀的，很多人的能力都是后天培养出来的。如果你现在还不具备这三大要素，那就努力吧，努力让自己拥有前两项因素。所谓勤能补拙，说的就是这个理。在没有社会大形势所形成的机遇时，努力也是成功聚集财富的要素之一！如果你肯努力，又修炼出了过人的能力，锻炼出了细心灵敏的触觉，那么即使机遇不出现在你面前，你也可以给自己创造出机遇！

企业发展要从何着手

曾经，在首届民营企业总裁训练营上，围绕中国中小企业尤其是民营企业发展的相关问题，中国国务院发展研究中心副主任鲁志强曾经指出，为了研究中国中小企业的成长型企业的一些状况，国务院发展研究中心会同国家经贸委中小企业司还有国家统计局，调查了约有 15 万户企业。从调查的情况来看，可以说是喜忧参半！喜的情况就是通过这么多年的发展，我们国家的中小企业涌现出了一批竞争力比较强、管理比较好、竞争力跟国际比也不差的一批企业，而且这些企业在我们国家的经济发展中起到了很大的作用，包括对经济的促进作用，也包括对当地经济和当地一些企业发展的一些推动作用，但是也有一些企业不太理想，不用说跟国际比，跟我们国家现在经济发展的形势比，还有很多不理想的地方。甚至有一些在国内被人十分看好的企业，拿到国际上去比的话，无论它的销售额、它的利润水平、它的技术创新能力、管理水平等等都还有相当大的差距。

鲁志强的话让我们看到，对于中国的企业管理者来说，弄清企业的发展方向，了解企业该如何发展，尽快追上国际水平，已经迫在眉睫！

毕竟，我们不能永远落后。

在谈到企业发展的时候，人们总是说，企业要发展，关键是要把企业做大、做强。

一般而言，把企业做大、做强这句话是对的。但如果你所管理的是一家中小企业，那么对你的企业来讲，最关键的问题是要做强，而不是做大。所谓做大是指一个企业的成长过程。比如说，你原来的企业很小，在你的管理下，逐渐长大。比如微软，比尔·盖茨做微软也是从几个人起家，到现在发展到这么大。比如我们国内的联想，联想是由 11 名科技人员创办，越做越大，到现在已经拥有员工 12000 多人。但这毕竟是一少部分企业，绝大多数企业能不能做大跟你所从事的行业，跟你所在的地区，跟你的发展阶段，也包括你的经营还有当地市场状况都有关系，所以有的时候不是你想做大就能够做大的。但做强是企业的生存需要，是必须要做到的。在一个竞争的市场里，笑到最后的始终是强者。无论你的企业多小，有你的特色，有你自己的立身之本，你的产品有竞争力，那么你就可以生存，就可以发展下去。如果本身不具备竞争力，盲目将企业做大，并非好事。1997 年、1998 年的亚洲金融危机里，那么多大型韩国企业的倒闭，就是一个明证！

即使不跟外企比，只说国内目前的现状。在中国的企业，特别是民营企业中，既有像联想、希望等迅速崛起的大型企业，更有成千上万遍及城乡的中小企业。由于中小企业进入门槛较低、数量多，所以竞争十分激烈。因此，这类企业的管理者选定正确的发展方向、正确的管理理念，着手发展企业，将企业做强，则显得更为重要！

企业要想发展，离不开领导人的社会责任感！自清末 200 多年来，中华民族的历史可以说是一部不折不扣的灾难史、屈辱史。我们喊中华民族复兴的口号，喊了至少有 100 多年！而民族复兴，离不开民族企业的振兴！一个有良知、有社会责任感的企业家，除了赢利的目的，还会很自然地将做强自己的企业当做是自己的一个社会责任！

企业发展离不开诚信！"诚信"二字对于民营企业来讲尤为重要！中国的传统文化里面，有浓厚的轻商思想，在中国的历史里，我们的文化理念里面是看不起经商的。社会上一般普遍认定"无商不奸"、"无奸不商"！社会的普遍认知越是如此，那么民营企业如果想有立足之地，就越该讲究诚信！

现在，中国的法制还不健全，因此，在很多行业里存在恶性竞争，这种情况也确实衍生出了很多非法经营者。但是这样的企业即使靠自己的非法经营做强、做大，风光一时，也注定无法长久。比如，我们都知道，国内的乳业竞争很厉害。后来，这个行业出来过一件举国震惊的"三聚氰胺"事件。三鹿集团，连婴儿的奶粉都敢造假。他们的成本降低了，利润提升了，但是最后的结果却是，历经那么多年辛苦经营建立起来的集团，打造出的"三鹿"品牌，一夜之间轰然倒塌。

企业发展要树立以客户为中心的思维。这个概念大家一看就能明白，说白了，这就是一切为了客户，努力满足客户的需求。真正能够把这个概念落实在企业经营的各个细节里面是很重要的。

我们以全球工程机械制造商50强、全球最大的混凝土机械制造商、中国企业500强、工程机械行业综合效益和竞争力最强企业、福布斯"中国顶尖企业、亚洲品牌500强"的三一重工为例。

三一重工刚刚进入混凝土机械制造这个行业的时候，对生产的土泵做了很深刻的市场调查，发现客户最恼火的问题是，打混凝土的时候打不上，混凝土堵在管子里面打不出，进口的设备不服中国的水土。大家知道在欧洲、美国很少建高层建筑，大多数都是房子不高，所以进口的设备一般而言只适用于欧美建筑。因为这个原因，客户很恼火。这种情况下，三一重工开发出了大压力、大排量泵，帮客户极大提高了效率。所以很快，三一的产品就被用户所接受。

三一总裁向文波曾经说："对于客户需求深刻理解，以及树立以客户为中心的经营理念，是我们三一的文化建设里的重要内容。我们对员工的要求，很多都是围绕客户展开的，我们的资源分配也是为了客户展开的。现在不管再忙，我们公司所有的董事会成员，每个月都必须到市场上走一趟，每个月都必须回来总结一次讨论会，把我们所了解的客户需求说出来，变成我们企业的产品开发计划，变成我们企业的竞争行为，这是我们这么多年来一直做到的。"

企业发展还离不开管理创新思维。专家研究表明，左右一个人成功的最关键因素是思维模式，而不在于智商的差异，企业运营也是如此。一个具有良好思维力的企业主才能成长为真正的企业家，而不具备基本思维力的老板，则可能永远没有出头的机会，思维和观念才是控制成功的核心密码。

除了离不开上述几个必须的要素外，企业经营者还必须找对企业的管理方法。只有管理方法对了，一家企业才能发展得更好！

日常管理决胜于细节。"合抱之木，生于毫末；九层之台，起于垒土；千里之行，始于足下。"老子《道德经》中的经典名句，仍然适用于现代企业的管理。

"要让时针走得准，必须控制好秒针的运行"。只注重大的方面，而忽视小的环节，放任的最后结果就是企业发展越来越缓慢，甚至趋于停滞。我们可以去一些成功的大型企业做一下参观，这样我们就会发现，这些成功企业的管理与服务工作从未放弃过小的细节，相反，他们反而更注重细节。

成绩的取得并非偶然，很多知名企业逐渐消失于公众的视野中，并不是由于发展大方向有失误，而是忽视了细节管理。正所谓"千里之堤，溃于蚁穴"，就是这个道理。

快来分析你的必胜优势

找工作就是人岗匹配，不能高攀，高攀达不到目标，浪费时间。也不能低就，低就浪费自己的资源，心态不平衡，容易跳来跳去，也浪费时间。找工作嘛，难就难在"高不成低不就"上。高攀和低就，都是在拿青春赌明天。在激烈的竞争中，每个职场人士都要有定位人生的能力：即自我的人生价值和角色定位、人生主要目标的设定等等，一个人能否取得事业上的成功，关键在于是否能准确识别并充分发挥自身的优势。

在飞速变化的职场上，很多人即使已身为高端人才、身处高级主管的位置，也会有危机感。所以，很多职场人士平时努力工作，业余拼命充电，生怕自己被时代淘汰。理性的职场人，都会为自己的职业发展做切实可行的规划，而充电计划是职业规划中不可缺少的重要组成部分。在职场选择中，站在十字路口徘徊的人，更应该通过及时充电并分析自己的优势，找到适合自己的职业、岗位，走出职场的困惑期。

在本节，我特地从一个做职业顾问的朋友那里，找来几个典型案例给大家看。

案例 1：冯小宁是 Z 大毕业不久的医药化工系学生。这个专业是出了名的"吃不饱，饿不死"，所以冯小宁很快找到一份专业对口的工作。但是工作后，她发现自己越来越讨厌这个专业，干得越来越没劲，心里老是想逃离这份工作。机会终于来了，她跳槽到一家中型公司做文秘。可是文笔不是她的专长，公文写作一塌糊涂，其他琐碎的日常办公室工作也让她十分头疼。没几天她就感到没多大意思，又想去做人力资源，可是既没有培训过又没有工作经验，找了几家，连面试机会都没有。冯小宁真的很茫然：我希望能快速成长，应该选择什么样的渠道？

大学四年的基础理论学习，是一个人未来职业发展的基础，对于初入职场、毫无经验的大学生，也是唯一的一块敲门砖。轻易丢掉自己的专业，跨入另一个行业，自己就是一个高中生，缺乏专业背景和正规培训，肯定是一个弱项和缺欠。这么做不但会使自己没有任何优势可言，更谈不上竞争力。因此，大学生找工作，尽可能在自己的专业领域内去选择自己喜欢的工作，否则，就是自我贬值。如果你已经改行，应该尽快选择一个与从事职业相关的专业，赶紧补补课，充充电，以提升自己的专业技能，增加职场竞争力。

案例 2：郭庆，机电一体化专业毕业。他搞了 5 年电气工程，但是，越做越没有劲头。他觉得：电气是自己感兴趣的专业，做下去，虽没有厌倦，但前景不看好，属于非主流行业。而且，他也不想做技术了，觉得总是轻车熟路地解决一些单一的技术问题，思维僵化，没有新鲜感。他准备一年后做计算机开发的培训，然后做几年计算机，去搞 IC 设计。

郭庆应该通过职业测评，分析一下自身实力和优势，如果还是适合做技术，那么将前面 5 年积累的经验一次清零就太可惜了。如果从个人优势来说，最好是做电气，一直做下去。如果电子电路基础、数字电路基础都很好，行业内调整会更好。IC 设计当然不错，但是学 IT 专业的一大把，半路出家竞争得过他们吗？离开了自己的优势去竞争，很容易给自己造成痛苦，令自己思绪紊乱。郭庆应该充分发挥自己特长，利用业余时间补充 IT 知识，争取做个新型的复合型人才。知识的更新速度是飞快的，职场中人要想在日新月异的行业中求得发展，就必须主动及时更新自己的知识结构，掌握最新的技能、技术，为自己职业的发展补充新鲜血液。职业生涯本身就是一个不断深造、不断积累、不断提升的过程，如果不学习，不接受新事物，不用新近出现的知识、技术武装自己，当新技术普遍运用时，你就有可能被淘汰掉。

案例 3：小林 2000 年毕业于南方某电校。不久，他分配到国电公司某发电企业做发电技术员。工作至 2006 年，他发现这行没什么前途，随后辞职。后来，他自己开过美容院，承接过火电厂部分项目的安装建设，然后又做销售，但都做不长久。去年他确定了目标，想转行做人力资源，期间他学习了一些人力资源知识，但并不专业和系统。他也去管理咨询公司打过工，又参加了人力资源管理师 2 级的考试，可他还是感觉自己没有竞争力。

毕业 10 年，走过的路曲曲弯弯，已经发生了严重的错位和紊乱。本来一个不错的专业，发挥好了，就能成为人才，结果轻易丢掉专业优势，再想捡还捡不回来。现在急需找出一条主干线作为今后发展的主路，那些辅路上积累的东西，就作为工作经验的补充。当务之急是通过职业规划把所有的优势集中起来，寻找一个职场最佳切入口。

在这个瞬息万变的时代，科技发展一日千里，市场经济千变万化，知识更新速率飞快，人才的需求也随之不断改变。由于知识折旧加快，搞了多年技术的人才，因为知识不更新而不再是个人才，多年的经验会因为新技术的出现而变得无从下手。这些都会让人觉得自己在工作中的优势越来越弱，自身价值得到的体现也越来越小。随着年龄的增长，往往个人优势转瞬即去，从此上升机会不复存在。因为对自己的前途茫然困惑，不知道将来何去何从。于是，慌不择路，不管前面是亮还是火，就误以为是光明，急奔而去，结果轻易丢掉自己仅有的竞争优势，险些失去了原先的一席之地，误入职场歧途。这些失误，正是因为我们不懂得分析自己的必胜优势，不懂得扬长避短所造成的！所以，我们必须要知道自身的优势在哪里。

清楚了自身的优势，就要树立明确的职业发展目标。职业是人生最大事，需要好好规划。一定要明白自己的核心竞争力，找到当前最佳职位切入点和未来各阶段发展平台。

职场大忌就是把自己的职场优势轻易抛掉。

人在职场，就是把内在、外在优势全部集中，然后才能立于不败之地。要想在激烈的竞争中打拼是一件非常艰苦和困难的事，总是让人感到优势缺欠。如果再轻易丢掉了自身的优势，那拼搏和竞争就更无从谈起了。因为自己已经没有了与人竞争的资本，只能被打垮、淘汰。每丢掉一次优势，就相当于把优势存折抹掉一笔,丢的多了,钱包掏空,不但没有优势,反而发生能力赤字,优势变成劣势,根本谈不上为自己的职业发展争取到更好的机会。

人的精力有限,即使想业余充电,也不可能面面俱到,要结合自己的工作领域和自己本身的优势有的放矢。强化自己本身早已具备的强势和优势,这样才能在职场上始终占有一席之地!

成功人士帮你分析你的价值(上)

我有一个朋友在一家公司做财务工作,每月工资 3000 块。她时常跟我抱怨自己收入低,而且有件事她一直不明白,她说,每天的琐碎账目都是她们在记录,报表都是她们在做,一旦需要去银行、工商、税务等部门办事,也都是她们这些普通的财务人员在跑腿。在她们当中,工资最低的是一个新来的大学生,月收入只有 2000 块,月收入最高的是在这家公司已经做了 6 年的李姐,月薪也才 4000 块。而她们的财务总监,什么也不做,每天只是翻翻她们的报表,却天天坐着高级轿车来公司上班,工资还是她们的好几倍!她最不能理解的,是她们公司副总裁的薪水。她们的副总裁,算上年薪、奖金、股票期权和各种福利,每年所得收入大约在 300 多万元,是他们普通员工的 100 多倍。而那位副总裁不过每天都在公司里例行视察一圈,在办公桌前坐一坐,听听各部门经理汇报下情况,其他的时间,不过用来进出大饭店吃饭。她们这些普通员工天天累死累活,却只能赚很少的薪水去养家糊口,维持正常的生活。

其实我这个朋友之所以会有这样的抱怨和牢骚,是因为她没有弄清楚自己的价值!

在市场经济中,自会有市场规律给我们每个人定下自己的劳动力价值,这个不是我们每个人自己说了算的。你觉得你应该拿到年薪 100 万,但如果市场决定你的工作岗位每年只能拿到 5 万,你也只能屈从于市场。因为个人的力量,永远无法与整个社会和整个市场所抗衡!

也许你觉得,你部门经理每天做的工作比你少得多,轻松得多,但是市场决定了,他的薪水是你的 10 倍,你即使羡慕,即使不服气,也只能看着罢了。

其实,在某种角度来说,市场其实还是很公平的。市场是买卖双方的交易场所。当我们进入劳动力市场后,就等于将自己的劳动力拿出去销售,我们每个人都在等待某家企业成为我们的买家。而企业付给我们的薪水,就是我们劳动力的价格!没有人会少付给你钱,因为付少了你不会去工作;也没有人会多付给你很多钱,因为市场是理性的,每个人都希望用最优惠的价格购买最好的产品。如果购买者发现自己购买的人力资源价格高于他本身的价值,员工就会被辞退或者降职。

但是,计算一个人的劳动力值多少钱,并不是看他的工作够不够累,够不够辛苦,也不是看他每天工作了几个小时,加了多少班,而是由他能创造的价值和替换价格决定的。

我们在职场中最常见的情况是,某公司有上万名员工,一线员工最辛苦,但却拿最低的薪水。其实那是因为他们创造的价值就是按照公司要求履行岗位职责,没有太多创造性,可替换性非常强。企业有时候只需要付出两三千块,甚至更少的钱,就很容易找到一个替换一线员工的人，因此，一线员工的收入就很低。但是部门经理或者副总裁就不一样了。销售部门的经理，要负责企业的销售业绩。如果销售经理工作出现失误，很有可能让公司的产品积压，直接导致企业资金周转不灵，上万名员工拿不到薪水！如果企划部经理没有将工作做到位，那么会使公司未来的发展步入错误方向，严重的话，甚至整个公司都要栽进沟里！所以，公司部门的管理人员，必须要找一个优秀的合适人选来担任。而一个优秀的销售经理、企划经理或者能管理好员工上万的企业的副总裁，十分不易找到合适人选！即使企业老板真的花几百万，也未必能找到适合那个岗位的人。

在市场经济中，只有你对别人有价值了，你也才会有价值。只有你能为别人创造出高价值，你自己才会有更高的价值，才会拿到高收入！普通员工在羡慕公司高层收入的时候，也应该想一想，高层的能力是自己的多少倍？能做到公司的高层，绝不是我们看起来那么轻松简单，一般而言，他们都有过人的实力，可以向全体员工证实自己有这个能力担任企业高管！

管理学曾经发现，一般而言，每个人都有高估自己的倾向。在进入劳动市场的时候，每个人心里都会对自己有一个估价，但是这个估价只能说是你对未来薪金的期望值，而不是你真正的市场价格。真正的市场价格是别人愿意花多少钱来雇佣你，也就是别人支付的购买你劳动力的价格。

人在劳动力市场上的价格是自身价值体现的一个方面，但我们一定要正确评估自己的价值，自己估算出的自己的劳动力价格，必须能通过市场的检验，不能过分拔高，更不能过分贬低。只有弄明白自己的劳动力到底值多少钱，我们对社会和职场中的很多收入不公现象，才能看淡，很多的困惑才能迎刃而解。

那么，我们每一个人的价值，到底是多少？

相信很多人都曾经迷惑过：我到底值多少钱？我所做的工作，到底拿多少薪水才合理？

为了避免走入高估自己劳动力价值，导致自己求职时步入"低不就"的误区，更为了避免低估自己的劳动力价值，让自己沦为"廉价劳工"，我们要清醒地判断出自己的价值，给自己当下的人生做一个准确的定位。这样就会减少怨天尤人、怀才不遇的痛苦，也才能真正认识到自己的缺点和不足，查缺补漏，努力改进和提高自己。当然，也会避免做了"廉价劳工"，损失了无数收入还不自知的情况！

关于这个问题，我曾经专门咨询过我一位在猎头公司担任CEO的朋友。他的一些论点，或许能更清晰地为我们解答疑惑！

那位猎头公司CEO曾经说过：要搞清自己值多少钱，就要弄明白企业为什么付薪水给员工，他们又是根据什么来付出薪水的。一个员工的能力很高，并不一定能得到高薪。一个员工的学历很高，也并不一定能得到高薪。甚至一个员工在这家公司工作的年限很长，也不一定就能从这家企业获得高薪。因为，一家企业不是付钱买你的学历、你的资历，而是为了购买到你的劳动力后，让你为公司创造业绩。企业只会为你创造出的业绩埋单！

他的话无疑是在提醒职场上所有的精英，无论你现在位置多高，当你为企业创造的价值低于你现在岗位要求的时候，你就该被企业淘汰了。

相信大家除了对自己本身的价值有兴趣外，对那些所谓的"打工皇帝"，又是凭借什么让自己值那么多钱，一样会有兴趣知道。

一般而言，猎头在为大型企业推荐总裁、副总裁等高级人才时，这些高级人才能够满足任职条件是他们能够获得天价薪酬，获得超过普通员工百倍、千倍收入的根本原因。一个大型企业总裁会有哪些任职条件呢？让我们看一下，那位猎头公司总裁为我提供的一个年薪近千万的房地产公司总裁岗位的基本任职资格：（1）著名大学本科以上学历，工民建相关专业，55 岁以下；（2）具有海内外著名大型房地产公司相关职位管理经验及良好的业绩；对上市公司流程熟悉；（3）具有大中型房地产项目的实际操盘经验，熟悉房地产企业的管理规范和流程，对房地产现状和发展趋势有深刻理解；能够组织制定房地产业整体发展规划，具有先进开发理念；（4）具有掌握项目定位、前期开发、规划设计、施工管理、物资采购、营销管理等一方或多方面的能力；（5）具有较强的决策力和领导力，思路清晰，做事果断，良好的判断力、前瞻性和创新意识；（6）熟悉国内外资本运作流程，有 5 年以上行业投资项目运作经验；（7）具有极强的高层公关能力，人际关系相容性强，具有海内外社会关系；（8）知识面广，思维逻辑严密，理念先进，意志力强，注重品行修养，注重团队精神；（9）有在 30 亿以上实际资产规模房地产公司担任过副总及控股公司总经理职位的优先考虑。

在这些任职资格条件中，基本可以归纳为 5 个条件：（1）学历要求，著名大学本科以上；（2）行业要求，房地产行业多年从业经验；（3）能力要求，包括较强的经营能力、决策力、领导力、公关能力等；（4）过去的业绩要求，海内外著名大型房企良好业绩；（5）过去的职务要求，担任过 30 亿以上房产公司副总及总经理。

请各位明白，以上任职资格，仅仅是进入这个岗位候选人的基本资格，即使具备了这些资格，你也可能仅仅是得到面试资格的几十位候选人之一。想要被企业录用，你还要 PK 掉其他的同样有竞争力的候选人。在通过企业选择，正式进入企业工作后，你还需要通过业绩证明你的能力，同时，你还必须要有良好的人际关系处理能力，让自己这个空降高管可以快速地融入新集体，否则，你只会成为一个失败的空降高管，下一次猎头，你的身价会大大降低。

当你羡慕你的企业老总年薪是你的几百倍时，在你为了你和你的总裁收入差距过大而抱怨时，你有没有弄清楚过他的任职资格？你有没有想过，你和他的差距是多少？如果你和他没差距，那么你的价值也可以是年薪近千万！当然，一般而言，普通员工和企业掌舵人之间的差距，都是很大的。无论是从人生历练、工作经验，还是从综合能力、专业技能等等各方面来说，普通员工很难达到企业高管的水平！想要达到那样的水平，势必要经过自己的努力，再经历岁月的沉淀。如果那些条件很容易达到，那岂不是每个人的价值都可以高达年薪几百万甚至近千万了吗？

成功人士帮你分析你的价值（下）

如果你现在只是一个年薪几万的工薪阶层，那你大可不必悲哀。因为你的价值并不是死的。劳动力价值根本不可能精确衡量，因为它一直在变化。是你自身条件的改变，直接导致了你劳动力价值的改变！

你是否因为同村出来的兄弟，如今收入是你的 10 倍而感到不可思议、无法理解过？你是否因为你同寝室的哥们如今只能做一份月收入 1000 多块的工作而惋惜过？你是否仔细想过，究竟是什么原因，让本来相同起点的两个人，在经历过几年或者几十年的打拼后，人生境遇完全不同？答案很简单，那些高收入的人，他们通过种种努力，或者因为种种原因，使自己的价值得到了提高，让自己变得非常值钱了。而那些低收入的人，他们因为不懂得提升自己的价值，在岁月的长河中慢慢被淘汰出局了。

那么，那些胜出者，他们又是通过什么方法，经历过什么样的机遇，让自己变得值钱了呢？

想弄明白这个问题，我们不妨探讨一下，一个大学生如何通过自己的努力才能够成为具备总裁候选人的基本资格，他们怎么样才能让自己用最短的时间从一个月收入只有几千块的、可以随意替换的普通员工成长为企业的高级管理人员？

人力资源管理理论认为，能岗匹配能够使人才的能力得到最大限度的发挥，从而实现人才价值的最大化。第一，按能配岗。指根据每个人的能力模型和能力水平（能级）将其安排在相应的岗位上，这是因为人有能级的区别。所谓能级，是指一个人的知识、专业、能力、经验、性格、心理素质、意志力、品德等多方面的要素。不同的能级应承担不同的责任，同时也应具备承担不同工作的特质。第二，因岗选人。指根据岗位所要求的能级安排相应的人员，这是因为不同岗位对能级水平和能力结构有不同要求。

但是这样的学术理论对于一个大学生想在工作后从普通员工成长为总裁没有太大价值。因为根据前一节那位猎头公司总裁所提供的任职资格来看，普通员工要经历以下成长和职务升迁，迅速在以下 5 个方面都获得成功，才有可能成为高级管理人才的后备人选。

1. 学历要求。如果你是著名大学的毕业生，恭喜你，你具备了一个很好的成功基础。如果你不是著名大学本科以上学历，就要在工作的过程中通过进修或者考研、考博尽快弥补这个短板，并且不能耽误你的工作和职务升迁。和你的家庭出身一样，学历是另一个重要出身，他将决定你的眼界和学习、交流平台。因为学历虽然不能保证你必然成功，却是成功重要的敲门砖，否则，你只能进行创业或在小公司撞运气。虽然大家都知道，学历不代表能力，甚至很多企业也打出这样的旗号。但是事实并非如此。不信你可以多搜集一些招聘信息或者直接向那些获得大公司高管职位的人讨教一下，那些大企业在选择企业高管时，是不是会特别偏向那些名校毕业的高学历人士。

2. 行业要求。任何一个行业的高管基本都需要多年从业经验，如果你不能在一个行业成为专家，而是 4 年换了 8 份工作，这样的经历充分显示了你的不稳定性和浮躁的心态，而且令你很难掌握到一个专业的精深技能，最终的结果将导致你很难进入高管行列。

3. 能力要求，包括较强的经营能力、决策力、领导力、公关

219

能力等。如何证明你的能力，自己说是没有用的，你的所有能力将会通过考试来证明，高管在进入新的岗位的时候，企业都会进行各种考试、面试、演讲、讨论等来证明候选人的这些能力。

4. 过去的业绩要求。任何人想得到提拔，都必须有良好的业绩。良好的业绩，是被提拔最重要的基本胜任条件，你如果不能持续在不同的岗位上做出更好的甚至是超凡的业绩，你将很难得到更快的提升。

5. 过去的职务要求。一般而言，一家企业在选择企业高管时，都会要求对方有过同等级别的管理经验，而且时间还不能太短。这就要求你必须从一个普通员工升迁到部门主管，再升迁到部门经理，到部门总监，到公司副总，到公司总经理。看看这个金字塔顶端的总经理职位，当你认识到在一个员工上万人的企业里，每个人都很努力，大学毕业生有数千人，要从一个普通员工走到公司总经理的位置，对你的能力、业绩要求会有多么高的时候，你就会明白，如果不是能力手腕都十分过人，而且运气特别好，这简直就是不可能完成的任务。

如果你现在仅仅拿月薪 3000，你通过自己的努力，将以上 5 点在 10 年内都做到了。这也就意味着，你在 10 年间，让自己的价值翻了 300 多倍！如果你觉得太难，你决定放弃追寻那个目标，那么你只能少一些抱怨，因为你的价值只有月薪 3000 块！

当然，你也可以选择一个折中的方法，你不打算付出那么多，却依然愿意付出一定的努力来提升自己价值！其实，更多的人在经过了岁月的磨砺，被磨平了锐气和棱角后，都做出了这个选择。因为我们大多数人只是普通人，所以这个目标看起来更加切实可行一些。

人力资源管理学认为，一个人过去的业绩可以反映将来业绩的概率。如果你没有小的成功，就很难有大的成功。如果你不能做好自己岗位的工作，就不可能管理好一个部门；如果你不能管理一个部门，就不可能管理好一个公司。因此，你要想让自己值钱，就必须耐心地一点一点提高自己的能力，一点一点提升自己的职位，一点一点提升自己的业绩。一定要耐心并且相信，上帝真的很公平。因为想爬到金字塔顶的人很多，如果你不能一点一点向上爬，直接到金字塔顶的机会是没有的，甚至连更接近金字塔顶端的机会你都没有，因为机会都被你身边那些努力向上爬的人抢光了——除非你生来就是含着金汤匙的"富二代"，什么也不做就可以继承亿万家产。你什么也不用努力不用争，就站到了别人只能仰视的位置。

对于那些含着金钥匙出生的"富二代"、"富三代"、"富 N代"，我们并不需要羡慕。因为他们要保持自己的位置，同样需要付出很多的努力！他们必须学会控制财富，如果没有控制财富的能力，过多的财富对于他们来说，只能是一个灾难。这就好比突然让一个从来没有做过管理的普通车间技术工人，去做一个企业员工过万的公司老总。他根本不懂得何进行监控、管理，更不懂得处理这么大的企业所面临的种种复杂的社会关系、人际关系等等。如何开拓市场、如何运转资金、如何做好财务管理他也一无所知。而恰恰这些环节又都十分重要，任何一个环节出了问题，都可能让这家万人企业一夜之间倒闭。让一个一直处于金字塔底端的人突然站到金字塔顶，很有可能造成他的恐高，让他站都站不稳。别说维持这个企业的利润，即使让企业正常运营，对他们来说，都是一件十分困难的事！从古到今，没有哪个人能直接从一个士兵变成将军。朱元璋从乞丐做到皇帝，也是经过了多年的历练后，再经过征战沙场无数，才登上九五至尊之位！如果让朱元璋直接从一个乞丐做到皇帝，那么别说让他保住皇位治理江山，他能保住自己的命都是奇迹！士兵要做将军，必须一点一点努力，让自己的军衔越来越高。总经理其实也和将军一样，也是需要一点一点修炼成的。没人天生就能有这样的本事！要让自己更值钱，就要一点一点提升自己的职位，这样，自己的收入才能一点一点得到提高，最终实现从年薪两三万到年薪十万、百万、千万的跨越。

各位职场朋友，如果你是个拥有雄心壮志的人，你的目标是从年薪两三万跨越到年薪千万，那么，你只有长则20年，短则十几年的时间。中国古语云"三十而立"。虽然现在人类寿命延长了，但如果你35岁还没有表现出你比同龄人强很多的能力，更没有业绩可以证明你的能力，那么毫不客气地说，你到45岁成为大公司总裁的机会将会非常渺茫。千万不要拿肯德基那个老头70岁以后创业也能成功的个例来说事了。那些都是极小极小的概率实践，基本上可以说，根本不具备复制性。而大概率的事件是，那些能够成为大公司总裁的人，分析他们的简历，绝大部分在35岁，甚至30岁就已经登上了公司的中层以上职位。而对于普通人来说，那个年纪的时候，他们可能才刚刚在他们的工作岗位上站稳脚跟，有的甚至根本还没有正确的职业规划，还没有找到自己的人生方向！

可以说，让自己更值钱是件很难的事，要做到这一点，就必须对自己有深刻的认识，扬长避短，苦心经营，努力往上爬。而如果想爬到金子顶端，你需要比常人多付几倍、几十倍的努力，还要有个很好的运气，获得良好的机遇，才有可能麻雀变凤凰，实现从普通员工到总裁的跨越。

好了，本节我们就探讨到这里。希望本节能帮助你了解到自己价值多少钱，距离你想要的价格，你还要再付出多少努力，再走多少路！

外企不一定能拿到高薪

曾几何时，外企因为其所打出的"高薪"金字招牌，成为了很多大学生就业的首选，也成为了很多职场人士所渴望的理想工作单位！不过，同济大学近日的一份大学生就业调查却显示，外企在大学生就业上并未大开"方便之门"。在各种招聘大学生的单位中，外企只占11%，反倒是国有企业对大学生青睐有加，占到了37%的比例，是招聘大学生最多的企业类型。

这份调查是针对同济大学的2341名毕业生所展开的抽样调查，一定程度上受到同济工科专业为主的背景影响。但是，这份调查的结果仍有借鉴意义。

其实一直以来，毕业生和职场人士所热衷的外资、合资企业自始至终都并非是招聘单位的主流。那些想拿到高薪的朋友们，应当客观全面看待不同性质的单位，不可以把自己的前途紧紧锁定于外资、合资企业之上。

近年来，国有企业（尤其是大型国有企业）很注重人才的引进，不仅工资水平在提高，福利水平也占据相当优势。调查显示，国有企业是近年来同济大学招聘中的第一用人大户，在各类型招聘单位中所占比例最大，达到总数的 37%。

紧随其后的是股份制和民营企业，它们构成了接受高校毕业生的主要阵营，各占 14%。

而很多渴望高薪人士心目中的就业首选——外资和合资企业，仅仅排在第四和第五位。这多少让众多仰慕外企的人士有些失望。

其实我们大可不必失望，因为客观点来看，外企虽然有着丰厚的工资报酬，并且管理方法和观念都较先进，但他们每年提供的职位却并不多，僧多粥少，最终的结果是，如果想要进入外企势必要面临比进入其他企业更残酷的竞争！假如以你的资历，你本可以轻轻松松在国企或者民营企业、股份制企业谋取到一份年收入 10 万元的工作，而在外企，你很可能要跟一群资历丝毫不比你差，甚至可能高过你的人拼命竞争，才能谋取到这份职位！

纵使如此，进入外企后，你也未必就能成为高薪人士。因为无论在哪个企业工作，决定你是否高薪，都需要有先决条件和一定的要素，如果你达不到标准，即使历尽千辛万苦进入外企，最后所面临的结果，很可能是降薪或者被辞退！

假如你有足够的能力，胜任外企的高压工作，获得了丰厚的报酬，那你也不一定就真正得到了高薪。为什么这么说呢？因为外企与外企之间，待遇不尽相同。你在这家企业所担任的职位，如果换到另一家，那么报酬很可能凭空高出一大截！

曾经有相关部门在杭州、苏州等二类城市做过起薪调查。从

2009 年的数据看，本科毕业生以下，去日资企业起薪会略高于欧美企业。如中专、技校、高中学历级别，日资企业的平均年薪为14327 元，欧美企业的年薪为 12200 元，日企要高出欧美企业2000 多元；如果大专级别的学历，日资企业年薪为 20497 元，欧美企业年薪为 19300 元，日企高出欧美企业 1000 元左右；而若是硕士学历毕业生，欧美企业的薪水就要高于日资企业 15000 元左右；如果是博士学历，欧美企业的平均起薪，则要高出日企 6000元左右。

此外，日资企业内的专业技术人员、中高层管理人员的薪资增长率也会高于欧美企业，而销售人员的薪资增长则远低于欧美企业。也就是说，销售人员在日资企业的受重视程度较低。

只有先弄清楚各个外企之间的薪资差异，才能根据各自情况选择进入哪家企业。如果是刚毕业的学生，自然是进入起薪比较高的外企更合适。如果已经是资历傲人的成功人士，自然是跳槽进入管理人员薪资水平比较高的企业更为合适！如果是销售人员，自然是去更加重视一线销售员工的企业更有发展潜力！

只有真正了解了这些，并做出了最适合自己的选择，才能进入"高薪"人士行列！

另外，根据 2009 年那组数据来看，外企并非都开出"高薪"！

在杭州、苏州这样的城市，尽管只是对于毕业生而言，年薪一万多，也绝对称不上是高起薪。在中国，即使在一个经济水平中等的城市里，对毕业生开出这种工资的私企，也比比皆是！当然，进入一家大型外企，会比进入一家小型私企的发展机会要大得多。即使并未在大型外企获得升职和加薪，但在外企的工作经历和所提升的技能，也极有可能在自己日后跳槽时成为拿到高薪职位的敲门砖！

其实除了毕业生，即使对于一些能力过人的企业高管人员来说，进入外企也未必就等于拿到高薪。随着近几年中国经济的发展，很多国企、民企、私企、股份制企业等等，为了赢利、为了招揽人才，也都在纷纷打出高薪招牌！

根据 2008 年 3 月发布的平安 2007 年度财务报告显示，某位高管的年薪高达 6616 万。根据平安披露的资料，他的 2007 年薪酬构成为——底薪：税前为 480 万元，占总收入不足 8%。奖金：占总收入不到 30%。期权：占总收入的 60% 以上。期权于 2004 年按照当时平安 H 股发行价 10.33 元授予，2007 年 6 月按照当时股价 52 元核定行权。

2008 年 4 月 3 日，盛大网络宣布，由于个人发展需要，唐骏将不再担任公司总裁一职。唐骏将转任公司 CEO 顾问，并继续担任盛大董事。在离职当日，唐骏接受专访时坦言将加盟一家民营企业，但未详细透露。对于年薪 10 亿的传言，唐骏表示不评论，但其表示"不会比这少"。

看了以上两个案例，我们可以对比一下我国境内外企开出的薪资。有几家外企的高管人员，可以拿到 6000 多万元的年薪？又有几家外企可以开出年薪 10 亿元的价位，来招揽人才？

当然，唐骏和平安高管的年薪，在国企和民企中并非普遍现象，但不可否认的是，通过这两个案例，我们可以看到国企、民企、私企等企业对人才的渴求，和它们对企业高管人才设置薪水的一种趋势！

所以说，去外企未必就可以拿到高薪。渴望高薪的人士，还需要细心留意人力资源市场上的薪金变化，才可以确保自己的利益最大化！

"数据"才是真功夫

著名管理顾问克利尔·杰美森对如何在老板眼中脱颖而出提出过这样一种方法，他说："许多人以为只要自己努力工作，顶头上司就一定会拉自己一把，给自己出头的机会。这些人自以为真才实学就是一切，所以对提高知名度很不经心，但如果他们真的想有所作为，我建议他们还是应该学学如何吸引众人的目光。"他的话指出了在晋升过程中一个至关重要的问题，那就是如何才能让自己显得与众不同。

没有谁可以平白无故地得到老板的重用。那些想得到老板重用，想获得升职加薪的人，必须用实际行动来证明自己的能力，以此来显示自己的与众不同。行动可以证明你的能力和你的一切努力，万事万物的变化和更新都是在不断的行动中从量变到质变的。如果你希望你的老板注意到你是一个有能力、有追求的人，那么行动起来，做出成绩便是最好的证明。

相信只要是想获得高薪的职场人士，都听过"打工皇帝"唐骏的名字！盛大网络公司总裁、微软中国公司终身荣誉总裁唐骏，一直以"青年才俊"的形象为大家所熟悉。

227

遗憾的是，唐骏陷入了学历造假的风波中，个人信誉受到严重影响，但他打工过程中的一些经历，还是能给职场人士带来一定启发的。

唐骏在微软是从一个技术人员做起的。当时，Windows系统的英文版和中文版发布差距是一年半的时间，而Windows 95的英文版和中文版发布差距是5个月的时间。唐骏看到了这个问题，提出了一个新的开发模式，使用这个开发模式可使Windows系统的全球发布做到零时差。但是，在微软两万名员工中，唐骏只是一个小技术员，又是一个外国人，基本没有得到重视的可能。唐骏做的第一件事是把这个设想做成模块，并进行测试，确定其准确度和可操作性。在测试成功之后，唐骏直接给比尔·盖茨发了封邮件，把自己的想法和测试结果告诉他。唐骏说："微软把盖茨当成神也好，怎样崇拜他也好，但当时我不怕他。第一，我认为我在为微软做一件好事；第二，我觉得如果我不把自己的想法告诉领导层，我就没有机会。"比尔·盖茨接到邮件并未十分重视，而是转发给唐骏上司的上司。这个上司接到比尔·盖茨的邮件，不敢怠慢，把唐骏找过去谈话。唐骏就把这套模式演示给他看。唐骏和微软就这样同时获得了机会，唐骏得到了重视和提升，而微软的Windows2000、WindowsXP都做到了全球发布的零时差。

这个"零时差"，就是唐骏在微软可以引以为傲的数据。是唐骏使得微软Windows2000、WindowsXP全球发布不再有时差，是唐骏使得这一项目的细节达到了完美，所以微软中国公司终身荣誉总裁是唐骏，而不是别人！

自唐骏出任中国最大互动娱乐公司盛大网络公司总裁后，唐骏依然业绩斐然。他成功地帮助盛大公司在美国纳斯达克上市，并成为 2004 年全球高科技股票中表现最好的一只股票，之后两次带领盛大去华尔街做二次路演，每次路演都获得 30％的股票上升，被华尔街誉为中国概念股的第一人。近期，又因其年薪收入、个人经历、在中国年轻人中的影响力、管理经验等因素，被推举为"中国第一 CEO"、"影响中国管理的十大人物"等。

"2004 年全球高科技股票中表现最好的一只股票"、"30％的股票上升"就是唐骏可以在盛大引以为傲的数据！如果做到这些的不是唐骏而是你，那么，后来的盛大总裁就是你而不是唐骏！

想要实现高薪，靠等是等不来的，靠抱怨也是抱怨不来的。只有摆出实实在在可以说明你业绩的数据，才能让人信服，才能获得老板的青睐，才能获得高薪！

如果你现在能力不够，那么没关系，从现在开始，你比别人晚睡 1 小时来阅读，早起 1 小时来行动，打电话拜访客户，做计划；当别人习惯于拜访 10 个顾客结束，请你拜访第 11 个、第 12个、第 13 个；当别人一到下午 5 点准时下班后，你不妨再多加班1 个小时，用这 1 个小时来检查自己今天的工作，来准备明天的工作……

即使你最初能力不够，拿不出傲人的业绩数据，没关系，只要你将上述数据都做到了，久而久之，你的能力必定能够超过你对自己的期望，我在本章最开始的时候已经说了，万事万物的变化和更新都是在不断的行动中从量变到质变的。

当然，要做到这组数据，你必然要比别人多受累，但是你也必须明白另一组数据——没有一个成功人士每天睡 8 小时，玩 8 小时，干 8 小时！

在大多数普通人每天干 8 小时，甚至通过偷懒等等手段，只干更少的时候，你哪怕每天只比他们多干 1 个小时，久而久之，所取得的成绩，也必将超过大多数普通人！

如果你没有过人的能力，又不愿意做出这种努力，那获得高薪，只会成为你职业生涯中的一个梦想！

总之，想获得高薪，必须跟同事拼"数据"！你的同事每个月的销售额是 50 万元，你如果想比他更能引起老板注意，那你就要力争将你的销售额干到 100 万。你的同事每天拜访 10 个客户，你就要努力拜访 15 个客户！你的同事提出一套方案，可以每年给公司节约成本 100 万，你就要想出更好的解决方案，至少要能为公司节约超过 100 万的成本！你同事每个月给公司创造的效益是 500 万，那么你每个月给公司创造的效益必须要超过 500 万！你若想引起老板关注，除了之前的章节里讲述的小窍门之外，最重要的是，你所能做出的业绩要超过你的同事！如果公司里的员工，每个月都能为公司创造 500 万的效益，你也同样为公司创造 500 万效益，那你凭什么引起你老板的关注？业绩才是你引起老板关注的最大资本，如若不然，你即使通过其他方式引起了老板片刻的关注，也难以让他的视线在你身上长久逗留，更别提让他重用提拔你！只有你业绩报告上所填"数据"的量变，才会让你达到升职加薪的质变！

30 岁前飞跃 10 万年薪

在本节，我想给大家分享几个 30 岁前拿到 10 万年薪的案例：

姓名：李文淑

基本情况：女，26 岁，本科，IT 公司营销部主管

高薪秘诀：凭借准确的职业定位，靠跳槽获得成功！

李文淑性格外向开朗，大学毕业四年后，就已经是一家著名 IT 公司的营销部主管，伴着优秀业绩而来的，自然也是收入的稳步上升，年薪已逾 10 万元。

李文淑最初的职业生涯路走得并不容易，大学毕业后她选择了一家电器公司营销策划的工作，刚开始工作的半年里，她差不多走遍了大半个中国。从北京、上海、南京、西安到深圳、成都、海口，她跟着团队，每半个月就换一个城市搞大型的营销活动。这样的经历并不是一般的女孩子能够忍受的，但是李文淑反而觉得这是她获得的职业生涯的最大一笔财富。

李文淑是一个性格外向、愿意付出、不安于现状的人。她很快就在这样高强度的摸爬滚打中熟悉了营销工作，大到整体策划，小到细节操作。起初作为新生力量，李文淑只能帮帮忙。后来通过不断的学习和实践经验的积累，李文淑才可以独当一面，能够独立完成大型营销策划了。可以说，那些高强度的工作，让她迅速从一名大学毕业生成长为团队的中坚力量。

李文淑在底薪之外，凭借自己出色的表现和营销业绩，还能

拿到高额提成，每月收入都保持在 6000 元左右。在不到两年的时间里，李文淑就升任地区营销经理。但是这个时候，公司的战略出现了一些调整，于是李文淑被派驻在一个西部城市里。刚开始的时候，李文淑差点喜欢上这个偏僻城市的幽静，但是她对自己的职业生涯道路保持着警觉，不安于现状的她觉得这样会让自己松懈。她说："我喜欢更大的挑战，不安于这种平淡，同时在行业选择上，也认识到了家电行业的低壁垒性，我觉得自己可以有更好的选择。"

于是，一年半前，在还没有给自己"找好下家"的情况下，李文淑毅然辞去原来在一家电器公司任西北区营销经理的工作，独身一人来到上海。在别人眼里看来这未免有点盲目，但是李文淑觉得，她凭着自己的营销经验和过去的工作业绩，应该会找到适合她的机会。而且全力找工作，可以有更多的时间和精力应对面试。半个月内，李文淑就获得了一家著名 IT 公司营销部的面试通知。面试中，李文淑出色的表现和以往的业绩，为她获得了现在的工作机会。行业的改变没有改变李文淑工作的努力和业绩的优秀，行业的改变给李文淑带来的是薪酬的上升，而拿到公司每个月的额外业绩奖励更是她开心和自豪的时候：又能荷包鼓鼓，又有成就感。现在李文淑被派驻在长三角的一个城市，从事华东区的电脑产品营销推广，她的工作又回复到以前不断出差的状态中。李文淑表示，她喜欢这样的工作方式，很适合她。

其实最初，李文淑虽然觉得自己过去的工作经验和业绩能够为自己找到一份不错的工作，但并没想到能够这么快地找到高薪岗位。30 岁前实现年薪 10 万还是有点出乎李文淑的意料。毕竟，

20 多岁的人就达到这个收入的人群并不多。

专家点评：

李文淑能够在 30 岁前实现年薪 10 万，与她成功而及时的跳槽密切相关。电器行业是一个技术含量不高、资金链运作相对较长的行业，竞争性很强。她及时地转到了 IT 业，这是一个附加值较高的行业，行业准入性也抬升了，减轻了行业的竞争性，给员工的薪酬也比较高，还有额外的激励制度，更有利于她实现年薪 10 万的梦想。

李文淑事实上"转业"而没有"换行"，她把从电器营销行业获得的经验带到了现在从事的 IT 业，是在原有基础上经验和能力的一次提升，对她的个人发展也是有利的。李文淑能够根据自己的性格特点选择合适的工作，不愿意墨守成规、安于现状的个性是她在事业上开拓和奋进的动力，她能够发现自我，并按照个人特点设计自己的人生蓝图，决定了她在营销领域工作的成功。从这个意义上看，也说明了"性格决定命运"的道理。热爱工作、强烈的事业心、愿意付出、能够承受辛苦的性格，是她在工作中不断得到提升的原因。正是因为这些优点，所以李文淑的职业生涯道路越走越宽，"薪情"也越走越高。

姓名：王洋

基本情况：男，29 岁，本科学历，保险公司区经理

高薪秘诀：正确的职业规划，扎实的专业技能

王洋从财经大学会计系毕业之后，一直在国企从事财务工作，辞职后，在一家韩资化工公司担任过技术支持和营销。但是那几

份工作都没有给他带来高薪，他再次换了工作。进入保险行业后，他才实现了自己的高薪之梦。

最初家人朋友都不理解，王洋为什么选择保险经纪人这个工作。在国企的工作是靠着家人的关系，虽说月薪只有 1000 元，可是升迁是指日可待的事情；在韩资公司的工作尽管公司气氛压抑，可是月薪也达到了 4000 元；家人朋友们都认为选择保险经纪人这样一个底薪低，靠业绩提成获取收入的职业既不稳定又前途茫茫。

但是，王洋自己的判断和选择很坚定。王洋在大学时就接触过保险学的课程，平时对国内外媒体财经类栏目的注目也让他观察到保险市场是个极具潜力的市场。在发达国家，像日本的投保率为 600%～700%，美国的投保率是 250%～300%，而在中国这个数字只有 3% 左右。随着中国人均购买力的上升和人们理财意识的提高，人均投保率必将上升。更重要的是，很多人对保险业存在着误解和偏见，不愿意从事保险经纪人的工作，相对而言竞争性就不那么强，这对王洋来说是一个极好的机会。王洋觉得自己可以在保险这一行业闯出一片天地。

王洋进入保险行业后，和大部分保险行业的从业人员一样，最初都是从最底层的保险经纪人岗位做起。保险经纪人的收入特点决定了只有靠多发展客户提高业绩，才能获得高收入。发展客户并不是一件容易的事情，面对拒绝，面对挫折，王洋没有被击倒。当被客户拒绝，被说"不"的时候，他在健身房里拼命运动，靠流汗来化解压力。他在自己书房的墙上贴上"人间正道是沧桑"的字幅来自勉。当然，光化解压力是不够的，重要的是更加积极独特地发展客户。王洋对客户进行了细分，继而做了一个独到的定位，那就是收入稳定、文化层次较高的人群。这样的潜在客户群不仅有购买保险的能力，更有保险的意识。他通过交友网站和论坛结识这样的人群，并且凭借个人魅力和他们成为朋友，发展起了自己最早的一批客户群。介绍保险方案的时候，他都是根据客户的特点度身定做，为客户推荐最适合他们的保险产品。细心周到的服务，为王洋赢得越来越多的客户，这使得他业绩不断上升，获得的业务提成也不断上升。王洋很快就超越了一起入行的同事，从基层的保险经纪人提升到了业务经理的位置。

担任业务经理后，王洋把眼光由发展个人客户转向了团体保险，争取团体保险客户，可以获得更高的回报，但是也具有更大的难度。王洋从最早结识的客户群着手，他们不仅拥有较高的收入和文化水平，也拥有一定的社会地位，最难能可贵的就是他们对王洋建立起的信任感。王洋开始了"布网式"的拓展工作，老客户们为他提供的一些机会让他受益匪浅。他所提供的细致认真周到的服务，也为他成功的实现了客户的保有和扩大。

王洋的年薪也随之很快跨入了 10 万的行列。

如今王洋已经成为业务区经理，成为了团队的领导者，但他并不像对待自己那样苛求下属。他经历过很多挫折和考验，所以，他给予下属更多的是鼓励。"复杂的事情简单做，简单的事情反复做，反复的事情快乐做，快乐的事情一起做"，这是他们团队的理念，也是他们团队业绩优异的原因。

王洋还推崇"快速成功"的理念，在同样一段时间内，尽量多地吸收专业知识，尽量多地经受摔打，努力培养自己的意志力。这是他从事保险业两年来最大的体会和收获。

細节决定薪水——赢得高薪的方法

专家点评：

王洋成功的原因很大程度上取决于对行业的准确判断和自身的正确定位。保险业是一种典型的资本密集型行业，依赖资本自身运作创造价值，从而为员工带来高额财富。目前我国的保险经纪从业人员资质还低于发达国家的水平，王洋能够准确地认识到这一点。王洋能够在 30 岁前获得高薪就是属于一种典型的"学历＋人际关系＋资历"的组合。王洋毕业于名牌大学，在保险经纪人中属于学历较高的层次。他擅长于利用自己的性格魅力和能力建立起良好的人际关系，发展起一个很大的人际关系网，实现客户数量的保有和突破，从发展个人客户到团体客户，获得的业绩提成上升了很大幅度。他兢兢业业，在岗位上敢于应对挑战，善于化解压力，磨炼出自己的资历，从普通的保险经纪人上升到保险区经理的位置，也为自己的收入获得了提升。

姓名：李兵

基本情况：男，29 岁，硕士学历，IT 业技术人员

高薪秘诀：正确的职业规划，扎实的专业技能

李兵的职业生涯道路很简单，硕士毕业后就一直在现在的 IT 公司工作，而 IT 业的薪酬一直居于各个行业薪酬榜的前列。从业三年来，由于行业竞争的加剧和经济环境的不景气，李兵的薪酬从来没有升过，但是李兵早就跨入了 30 岁前年薪 10 万元的队伍。

李兵是如何获得这一职位，如何在 30 岁前实现年薪 10 万元的呢？这离不开他充分的知识积累和良好的职业规划。要知道 IT 业的收入高，对从业人员的要求更高，跨进这个高薪行业有着很

高的壁垒。

工科出身的李兵，大学里学的专业是材料加工与自动化，但是专业之外，他不仅涉猎了自动化、计算机的知识，还对营销学产生了浓厚的兴趣。勤奋的李兵还花了很多时间在英语学习上，他的 TOEFL 和 GRE 分数都高得足以申请美国的名校。

李兵有过出国的打算，但是出于家庭经济的原因，最终决定留在国内。他希望找到一份高薪的职业，为家庭多承担一些责任。所以，李兵很早就定位于 IT 业，为此他不仅在专业上丰富自己的理论知识，硬件、程序、自动化等等，在和导师一起完成项目的时候，也有意识地接触涉及计算机和自动化的部分，在项目和课题操作上提高自己的实际动手能力。

值得一提的是李兵找工作的历程。找工作的前一年，他的身影就经常出现在各个 IT 公司的招聘会场。他说："我觉得在招聘会上不仅可以实地地了解公司的情况、文化，更重要地是熟悉公司招聘的程序，了解公司需要什么样的人才，知道自己的优势和不足，可以更早地对症下药。"这使李兵在正式找工作的时候游刃有余。

凭着出色的专业能力和面试技巧，李兵拿到了三家 IT 公司的 offer（录用信，录用通知）。经过深思熟虑，李兵选择了现在就职的公司，因为他认为现在的公司拥有更大的技术优势和发展潜力，这正是成功 IT 公司必须具备的优势所在。

李兵在公司从事的是技术翻译工作，他出色的英语能力和计算机专业知识为他赢得了这个高薪职位。尽管在公司的工作并不如想象中那样富有激情和创造力，甚至有点枯燥，加上 IT 业工作

237

Chapter 5　职场必胜一点通

的高压力、高强度，很多同事在工作不到一年的时候就离开了公司，但李兵没有放弃。除了努力去适应公司文化，在工作中调整自己的心态，他更重视锻炼自己应对压力的能力。此外，技术翻译的工作机会也使李兵有更多机会接触到最前沿的技术动态，使自身的业务水平和知识能力得到了很大的提高。

结合自己的营销学知识，良好的外语沟通能力和技术积累，李兵给自己下一步的定位是到公司的海外部从事技术服务工作。从单纯的内部技术支持到外部技术营销、技术服务也是一条技术人员比较青睐的职业路线。李兵相信自己会在海外部得到更大的发展，他有信心能够获得这样的机会，他的"薪情"届时也会再上一个台阶。

专家点评：

李兵获得高薪的秘诀在于他选择了 IT 行业，IT 业作为一种典型的知识导向型的行业，对于从业人员的素质要求非常高。要想进入这样的行业，要想获得像李兵这样的高薪，在 30 岁前实现年薪 10 万，就必须具备充分的知识积累。李兵的工作不仅要求他有很高的专业技术能力，还要具备较为突出的英语能力。他在大学阶段充分地打造了自己的这些能力，从而为他获得高薪提供了有益的帮助。

李兵的职业规划能力也是值得一提的。一是体现在他找工作的时候，充分积极的准备，提前一年"模拟应聘"；二是体现在他对自己未来职业生涯的规划上。知识导向型的工作收入成尖峰状，从业人员的职业生命相对比较短，因此对自身职业也需要再探索、再规划。李兵已经开始着手于从单纯的技术人员向海外技术服务过度，就是一条比较成熟的职业生涯规划道路。这对于职业生命的延长和自身价值的提升会有着良好的促进作用。

想要获得高薪，关注细节固然十分重要，但仅仅做到关注细节还是不够的。通过这三个案例的主人公，我们可以了解到一些高薪的其他秘诀或者要素：（1）有正确的职业规划；（2）选对行业；（3）不懈地努力；（4）打破现状的勇气。

如果各位职场朋友也想拿到高薪，不妨向案例中的三位主人公学习！

Chapter 6　成功获得高薪

国外低薪变高薪的案例

我因为一次偶然，结实了一位美国籍年轻男子吉米，他刚刚毕业，年龄只有 23 岁，但却已经达到了年薪 20 万美元的收入。以他的年纪而言，这个收入，在美国绝对称得上是高薪！

吉米出生于 20 世纪 80 年代，行为举止间不只给人朝气蓬勃的感觉，还保留着一些年轻人特有的稚嫩。虽然他还很年轻，但他已经在媒体界打拼了 7 年。他在中学时期，就已经开始在他生活的加利亚福尼亚州给一些周刊杂志做兼职。期间，因为兴趣，又凭着"近水楼台先得月"的便利，吉米学习了摄影，并且水平相当不错。上大学的时候，吉米依然考取了加利福尼亚当地一所大学，那时候，他已经开始为加利福尼亚州一家比较有名的报刊担任摄影师。

吉米毕业后，来到纽约打工，成为纽约最大报业集团的一名摄影师。在媒体担任摄影记者收入高，但这绝对不是一件容易的事情。媒体对图片的新闻性要求特别高，工作强度和压力也很大，摄影记者要频繁往返于各个现场获得第一手的素材。吉米指着自己偏黄的肤色说："这就是一个证明。而且你可以观察一下，摄影记者都晒得比较黑。"在此，我要解释一下，吉米是一名白人。不过，他的肤色确实比一般的白人要略黑一些，据他说，这都是晒出来的！

摄影记者更不同于文字记者的是，"新闻讲究抓拍，具有新闻意义的图片往往是在 $0.1\sim0.2$ 秒之间拍摄的"，这就不仅要求摄影记者有着出色的摄影技术，更要求他们具有敏锐的新闻观察力，只有关注到每一个不可忽视的细节，才能抓拍到具有新闻价值的图片！

吉米为了提高自己的新闻敏感度，不仅加强和同事的沟通交流，向公司的"老前辈"们学习，更注重自己素质的提高，"有一段时间，我就经常在马路上兜来兜去，主动寻找素材，培养自己对新闻的敏感和判断力。有一次休假时，我去你们中国的上海玩，偶然看到美国银行进沪门前储户涌动的场面，脑子里灵感忽闪，抓拍到的照片果然赢得了主编的赞赏"。

现在的吉米虽然获得了高薪，年薪约 20 万美元，但是和一起工作的其他资深摄影记者相比还有挺大的差距。摄影记者行业由于对技能的高要求，还属于一个人才较为缺乏的行当。为了保持自己的竞争力，吉米没有松懈，他对我说，他会在将来继续努力。

吉米之所以能获得高薪，一是因为他所从事的新闻摄影行业，对技能性要求很高，正是这种技能的高要求决定了他的高收入。

拥有一技之长，能别人所不能，是年轻人获得高薪的一条重要捷径。现在有很多独特的岗位给出的薪酬很高，但是要求从业者有着不同于一般人的技能，比如同声传译、珠宝鉴定师、建筑设计师以及吉米所从事的新闻摄影。如果年轻人善于培养自己的一技之长，无异于给了自己一把通往高薪的金钥匙。

二是因为吉米重视实践经验的培养，7年的行业经验，锻炼出了他良好的专业技能和资历。

三是因为吉米自己的勤奋和努力。他来中国旅游，都不忘抓取瞬间的新闻价值，拍摄出了令主编赞赏的新闻图片！

除了吉米，我还认识另一位美国的年轻高薪朋友——凯特。

凯特是一个很活泼开朗的女孩，在被我问及如何获得高薪的历程时，她说："我没有什么特别的经历，我就是工作时比较细心努力，不放过任何一个细节，我的职业生涯就是这样一步一步走下来的，用你们中国人的话说是'水到渠成'，但是我相信成功就是做最好的自己。"

凯特的职业生涯路似乎很平坦，从财政局到证券公司，再转行到现在的基金公司。但是"做最好的自己"，正是凯特毕业三年后就跨入高薪一族的最重要原因。她从一所普通的美国高校财会专业毕业后，最初没有像同学那样把目光只投向了财会专业。凯特希望专门从事金融行业的工作，她把简历更多地投向了这样的行业和部门。

但事与愿违，毕业后凯特的第一份工作是在财政局。公务员的工作有点枯燥乏味，并不太适合性格活泼的凯特。凯特最初的收入虽然不低，但也不高，只是当地的平均薪资水平。但是凯特并没有就此消沉，而是积极地做好自己的本职工作，力求保证每一个细节的完美。凯特是个很有责任心的人，虽然工作不是很理想，她依然觉得尽心尽力完成工作也是很必要的。她说："我觉得无论如何要对得起自己获得的薪水，尽力地付出，终归会有回报。"因此，她的同事都给予了她较高的评价。于此同时，凯特也在静心等待着机会的来临。

半年后，凯特的同学推荐她去一家证券公司面试一份行政助理的工作，凯特认真的工作态度，良好的专业素养，让她在数十名竞争者中脱颖而出。在证券公司的工作，让她受益匪浅，但是她也感到了很大的职业压力，因为证券公司对从业人员的要求很高，很多同事的学历和资历也高于自己。做行政助理需要处理很多烦琐的事情，可以说这份工作都是在处理公司一些细节方面的事物，工作中务必细心再细心，才能保证做到最好。凯特在工作中经常遇到超越自己学识的情况不知道如何应付，但她依然坚持着"做最好的自己"的信念，在认真完成自己的工作的同时，不断地完善自己、提高自己，她说："那时候顶着很大的压力，对自己也是一种挑战。"工作中，凯特在面临困难时没有退缩，而是积极地克服。她的亲和力也使同事们愿意给予她建议和帮助。此外，凯特还在业余时间里不断从专业书籍和相关杂志报纸中汲取知识，提高自己的专业能力。很快，凯特就消除了最初的压力感，开始逐步胜任工作，凭着认真负责的工作态度和优秀的工作成绩，凯特的月薪也比最初进公司时翻了一倍！

一次偶然的机会，凯特接到了一家中美合资的基金公司的面试电话，基金公司从招聘网站上选中了凯特的简历，凯特的证券行业经验正是公司所需要的。基金公司给凯特提供的是基金销售的职位，这对凯特来说既是机遇，又是挑战。基金公司是金融界的新生力量，基金公司职员也成为金融界的"新宠"，很多证券从业人员都愿意跳到基金公司。虽然这份工作与凯特的工作经历有着很大差别，是从内部管理的岗位转到了外部销售的位置，但她还是抱着以往对待工作的乐观态度来面对新工作。凯特的新工作是面向机构投资者，主要是一些大企业和上市公司，在证券公司的从业经验给她创造了比较好的关系网和业务基础，加上良好的沟通技巧，她总能完成预定的销售计划。最后，她的年薪很轻松就达到了 40 万美元。在别人看来，她是个幸运儿，毕业 3 年内就达到年薪 40 万美元的收入。对此，凯特看得很平淡，她并不像很多美国年轻人那样张扬，也不像如今的中国年轻人那样浮躁，她反而对我说："踏踏实实地走好每一步，总会有机会的，事业是这样，生活也是这样。"

凯特马上就要参加一个国际 MBA 的课程了，"做最好的自己"是这个脸上一直挂着微笑的年轻白领的信条。

凯特顺利的职业生涯路和高薪的获得实际上是建立在个人勤奋踏实的工作态度和工作中所建立起来的人脉关系网这一基础上的。大家千万别以为在美国，人际关系就不重要。美国的人际关系，只是不像中国那样复杂，但也绝非我们想象中那么冷漠。年轻人在工作中不能忽视个人关系网的建立和维护，良好的人际关系是获得高薪职位的一个重要因素。凯特的亲和力和对人际关系的重视，不仅为她带来了自身能力的提高和更多的工作机会，也为她带来了高薪。她现在所从事的基金公司的职位和收入的提高，就是基于她前两份工作建立起的"人脉关系"上的。当然，因为在美国的职场，大家最看重的始终是工作能力。所以，凯特力争将每一个细节都做到位的工作态度和工作质量，才是她能获得好人缘和好评的最根本原因。

凯特珍视工作、踏实认真、努力学习的态度，正是很多年轻人所缺少的品质，这也是她获得高薪机会的重要原因。

发生在身边的高薪案例

我身边有不少年纪轻轻，就拿到高薪的人。在本节里，我将他们的经历，作为案例展示给大家看：

小刘现在做的这份工作，得来十分不易。她当时是被人事经理从几百个应聘者中挑出去的。她的实习期比别人少两个月，实习工资却比别人多几百元。小刘也很对得起高看她一眼的公司，她每天加班到凌晨3点，一个星期的工作时间甚至超过90小时。

实习期满后，工资却并没有像老板许诺的那样一路上涨，只是增加了200元。领薪水时，财务室发给小刘的工资和其他同事一样，但私下里，老板又发给她剩下的工资。就这样，拿着比其他同事多几百元的薪水，小刘心里有隐隐的优越感。但每天夜里加班的时候，小刘却又觉得：才这点工资，老板也太薄待自己了。但最初，小刘只是在心里郁闷。

后来，小刘觉得自己拼命工作，就应该向老板提合理要求。因为这种事换成别人，要么不加班，要么就提加薪了。实习期满后干了两个月，小刘就向老板提加薪要求。因为她的超强度工作，老板没理由拒绝，于是将小刘的工资涨到了每月 5000 元。如此下来，又过了 4 个月，小刘帮公司完成了几个大项目，于是小刘再次找老板。但小刘并不卖弄自己的功劳，只是无非说些个人与集体利益应成正比关系的话。这一次，小刘的工资涨到 6000 元。半年后，公司赢利大幅增加，小刘功不可没，所以又单独和老板谈了。老板无论如何不愿再加薪，小刘便从网上下载了全国同类型行业员工工资数据给他，老板无话可说。于是，小刘的工资就涨到了每月 8000 元。加上各种奖金福利，小刘的年收入达到 13 万元左右。

小刘之所以会得到加薪，首先跟她的个人努力是分不开的。她加班加点地工作，而且能力过人，帮公司取得了不菲的成绩，但也离不开她的敢于要价。她认为自己的身价不该那么低，于是一次又一次地同老板谈薪资问题，最终获得成功！既然身在职场中，有时候，不能等着老板主动给你加薪，因为有些老板对员工是很吝啬的。这时候，就必须要像小刘那样，根据自身优势再结合公司和市场行情，合理要价，让自己得到高薪！

不过，在我身边那些拿到高薪的年轻人，在谈到自己的成功秘诀时，更多提到的是由于关注细节的性格特点给他们带来了帮助！

小张初入公司不到一个月，跟大多数同事还有些陌生，但是却很快得到了部门经理王姐的赏识。而她们的熟悉却是从小张的一句"哇！这条链子跟你的毛衣好搭配"开始的。当时小张刚去公司，根本不知道王姐是她的上司，只是注意到这位女士的毛衣链和毛衣肯定是经过精心搭配的，而且搭配出来的效果还不错，于是真心夸赞了一句。而恰好，这条链子是王姐花了一个星期才买到的，专门为配身上的那件毛衣。一上班就得到同事的夸奖，心里当然高兴，从此对小张青眼相加。当然，王姐看重小张，也不仅仅是因为小张夸她的一句话。她们所在的部门本来就是公关部，是小张那句话，让她看到了小张适合这份工作的潜质。所以，她在后来的工作中比较关注小张，也比较耐心指点小张的工作。而小张后来在工作中，也确实"屡立奇功"。后来，在公关部主管离职后，王姐便顺利成章，向上司推荐小张升职！

小张在职场中的一路顺风，离不开她给自己营造的一个良好开端！想要与他人交往，首先自己需要一个开放的态度。比如最基本的礼貌用语，见面微笑、打个招呼等会给对方传达一种友好的信息，而不是拒绝的信息。由衷的赞美之辞更是能让对方感受到你的态度，特别是赞美一些细节。所以，想要获得好人缘，首先要有个好的态度，其次，不要吝惜赞美之辞。但需要注意的是，这种能拉近彼此心理距离的赞美一定是由衷的，而不是假惺惺装出来的。不要以为自己的假态别人看不出来，没有温馨感的赞美会适得其反。

还有一位年轻人小赵，他本来是一名普通的车间技术工人。但是后来不知何故，车间的师傅老李特别照顾他，甚至多次主动传授小赵经验。小赵本来就聪明好学，又懂得发奋进取，所以进步很快，不久就成为了公司的技术骨干，薪资比以前翻了3倍，并被升任为车间组长。照这个趋势发展几年，小赵到30岁时，很有可能做上车间主任的位置！小赵一直很感激李师傅，但是在小赵升任组长没多久，李师傅就退休了。

小赵后来去看望退休在家的李师傅，他终于从李师傅口中知道了他为何如此器重自己的原因。李师傅因为技术好，年纪又大，所以年轻的同事们都很尊重他，但平时可交流的话题并不多。有一次，李师傅从小赵所工作的岗位经过时，听见正在修理机器的小赵，头也不抬地对旁边的小何说了一句："就像李师傅常说的'没有如果，只有下一次'。"

李师傅听了这话，感觉心里暖暖的，而且觉得小赵是真心尊重自己，细心聆听自己平时在工作中的教诲。所以从那以后，李师傅对小赵格外照顾！

每个人都希望自己被别人重视，都希望自己被肯定、认可，哪怕是一些小的方面。记住别人曾经说过的话，特别是一些比较经典的话，而这些话也许是连他本人平时都没注意到的。当你说出来的时候，会让对方觉得你很重视他。比如，一句"你曾说过……至今我还记忆犹新"。对方一定会因为受到你的重视而高兴，认为你是一个细心的人，一个能有大作为的人，一个非常关心他人的人。当然，你记住的那些话，最好是对方说的比较经典的话，或是他自己认为比较有水平的话，而不是对方认为不太好的话，甚至不想再提起的话。如果你记住这些话，还放在公共场合说，这样会让他觉得你是在拿他开涮，反而不好。

我的另一位朋友小孟的经历就更简单。他在事业单位工作，一般而言，这种单位更看重一个人的人际关系。人际关系搞得好，会对一个人的升职加薪带来极大的帮助！小孟最初只是合同工，但她依然努力工作，并且努力搞好和同事之间的关系。很多小事，她能做的顺手就做了。比如收拾办公桌的时候，顺便把同事的桌子也擦一擦；买零食的时候，顺便为办公室的同事们也带一点；下班之后，如果发现同事的电脑显示器忘关了，就随手帮他关掉……这些都是小事，都是举手之劳，却往往会让对方心里暖暖的，感受到你的关心。而他回报过来的同样也是关心。后来单位里接到一个转正名额，本来与小孟同时进入单位的有三个年轻人，这个名额最后却落在了小孟头上！

自己先主动为他人做件小事，慢慢地两个人之间就形成一种良性的互动关系。主动为同事做一件事情，哪怕是一件小小的事，这可能就是你们良好关系的一个开端。因为通过一件件小事，别人能看到你的诚意，认为你是个很有心的人。此时，对方也会以一个开放的心态去对待你，去帮你做一些事情。这样两个人交流、包容的可能性就大大提高了。

向成功人士学什么

据《中国青年报》报道，广东省 2004 年有 1.9 万名大学毕业生毕业后不能如期落实工作，2005 年这一数字将上升到 2.3 万名，2006 年达到 2.99 万名，到了 2009 年，这一数字达到了 4.32 万人。与此形成鲜明对比的是，熟练技术工人大量缺乏。去年上海一家企业开出年薪 16 万招聘高级技工，却仍旧无法招到足够的技术人才。近几年，如果大家注意新闻报道的话，就会发现，各地都开始报道缺乏熟练的技工、各地都是大学生就业难。

另有相关部门调查的权威数据指出，70％以上的职业人会在工作 3～5 年的时间段内出现竞争力不足的现象。因为他们处于或即将处于从职业探索期向快速发展期的过渡阶段，这个阶段也是职业人能否成为职场精英的阶段。他们中的大多数在这个阶段积累了丰富的工作经验和行业经验，但是却对未来的新平台缺乏明确目标，于是在犹豫间丧失了许多职业增值的机会。

对于这部分"就业难"人群和职场失败或濒临失败的人群而言，如何获得成功，成为他们必须尽快弄明白的课题！

通过前几个章节我所列举的案例，我们可以明白，无论是"打工皇帝"唐骏，还是我们身边一些成功获得高薪的人士，都在用他们自身的经历明白无误地告诉我们：决心＋信心＋恒心＋细心＝成功！

成功人士对自己是谁、自己想要什么以及自己将来如何获得高薪，有着极为明确的想法和决心。不成功的的人通常对自己是谁、自己想要什么以及自己想要去哪里没有把握和感到困惑。

所以，各位职场人士不妨想象一下自己具有所需的全部知识和经验；想象一下自己具有所需的全部资金和资源；想象一下自己具有所需的全部朋友和关系；想象一下所有的机会和可能都对你敞开胸怀——想象一旦有了梦想，自己才会拥有足够的决心去实现它。

在下定决心后，还要有足够的信心。自信是成功的第一秘诀。

有人说："命运一半掌握在上帝手中，另一半掌握在我们自己手中。成功就是用我们自己手中的这一半去赢得上帝手中的另一半。"我们手中的这一半是什么？那就是我们的潜能，我们的自信！科学家研究发现："大部分人只发展了他们潜在能力的

1/10，与应当取得的成就相比，我们不过是半醒着。我们只利用了我们身心资源的很小的一部分……""实际上，绝大多数人，一定有可能比现实中的自己更伟大一些，只是缺乏一种不懈努力的自信。"

别人能做到的事情为什么"我"不能做到？"天生我材必有用"，如果我们能够接受既成事实，不掩饰自己的缺点，很好地利用"我"的特点，发现和运用自己所拥有的条件，我们就会创造一个真正胜利的自我。

也许大家都很明白自信的重要性，可是总有一些不如意的事情发生，打击自己，使自己那脆弱的心灵备受挫折。如果你认为自己被打倒了，那么你就真的被打倒了；如果你认为自己仍屹立不倒，那你就真正地屹立不倒！为什么？因为你的不自信使自己失去了斗志，你根本不想拼，你还能赢？

有了信心后，还要有恒心！我们可以给自己制定一个梦想的清单，写出将来某个时候在生活和工作中，你所希望拥有的一切，就好比你的目标在某种程度上已得到保证，只要你能够把它们弄清楚。然后创立一个 5 年设想。就像商业圣人彼得·德鲁克所说的："我们大大地高估了自己一年以后能够做到的事，但我们却大大低估了 5 年以后自己可能做到的事。"5 年设想创立之后，就可以通过提问"怎么样"来制定策略。"怎么样"是你一生中能学会和应用的最重要、最有力量的词汇之一。一旦你对自己想要什么有了清晰的设想，你要问的唯一问题就是："我怎么样实现它？"在弄清楚了这些后，你就凭着你的恒心，一步步将这些阶段性的目标逐个去实现，最终必将达到自己所期待的终极目标！

在做到了决心＋信心＋恒心后，那么最后就只剩下细心了！细心之所以排在最后，不是因为它最不重要，恰恰是因为它在一个人的成功中，起到了致命般的关键因素！只有细心的人，才会关注到工作中的每一个细节。我们在之前的章节里就已经了解过，忽视细节，不但有可能使我们的努力事倍功半，严重的话，还有可能使我们的努力前功尽弃。而完美的细节，则是任何行业任何职业中都不可或缺的成功要素！

以上我所给大家分享的内容或许有些过于教条，但却是在我调查过无数个案例后所得出的最真的结果。而在下面，我会结合一些职场人士的成功经验，告诉大家一些快速获得短暂成功的小窍门。

第一招：挖掘工作经验的"卖点"

企业关注的是你的价值，能否通过对你的聘用实现企业既定价值，这才是企业关心的。

有的人不会巧妙展示自己，有的人因为不会包装自己，甚至连面试机会都得不到。

恰当的包装是必须的，但前提是工作经历中确实有含金点，形成了核心竞争力，包装只是把已经形成的核心竞争力展示出来。

第二招：认清职业市场的需求

聪明的职业人会充分掌握目前职场动态，进行科学的职业分析和职业定位，确定自己的职业气质与职业特性，发掘自己的核心竞争力，准确评价自己的职业含金量，合理进行职业规划。

同时，他们还会了解目标行业、企业的情况，把握行业产品信息，充分了解目标企业产品结构和产品资源、企业长远发展战略目标、企业管理模式和企业文化等。

最后，他们可以在个人和企业间找到契合点，在个人和职位间找到匹配度，最终达到职业生涯的可持续性发展，实现高薪高位目标。

第三招：补充知识提高个人能力

在职业发展道路上，职业人需要不断补充知识，提高个人能力。

但是，补充要有针对性，明确自己的职业进一步发展所缺的能力，针对这部分能力缺失制订有效的学习计划。内练基本功，完善自己的能力缺陷，特别是针对心中理想职位要求能力与自己当前所具备能力的差异下手。

职业人最忌赶大潮培训，跟风学习，这样不仅对自身职业发展毫无帮助，还极有可能使职业发展陷入停滞状态。

第四招，也是最需要牢记的一招——注重工作中的细节！

想在职业生涯中获得成功，认真对待工作是最起码的态度。而一个认真对待工作的人，必然会注意到工作中的各个细节。将工作中的每一个细节都处理好，不但会使得自己的工作完成得比别人更漂亮，还会显示出自己过人一等的能力和自己对待工作的端正态度。这样的职场人士，自然比那些粗心大意或者那些不注重细节的职场人士更容易获得成功！

精彩制胜的案例

在上一节中，我说了，想在职业生涯中获得成功，认真对

253

待工作是最起码的态度。而一个认真对待工作的人，必然会注意到工作中的各个细节。将工作中的每一个细节都处理好，不但会使得自己的工作完成得比别人更漂亮，还会显示出自己过人一等的能力和自己对待工作的端正态度。这样的职场人士，自然比那些粗心大意或者那些不注重细节的职场人士更容易获得成功！

以下是一则靠细心制胜职场的案例：

小江刚毕业时，去了一家名气不错却日落西山的杂志社。

老总一共招来4个年轻编辑，希望这4个编辑能够给杂志社带来新的活力。但是，这4个人并非正式员工，只是实习员工，老板最终会在3个月的实习期结束后，留下其中一个人。

4个人中小江和小胡能力最强，很快，这场角逐已经渐渐显露结果——最后必将是小江和小胡二人中留下一个。

小胡最年轻，也最爱出风头。老总曾经在欢迎会上，特意说欢迎4个年轻人对杂志社提出各种意见，不足之处他多改正。实习期间，几个年轻人渐渐发现杂志社很多规章制度不合理，譬如连个完整的办公室制度都没有，也没有员工的奖罚措施，杂志的文章写法陈旧、内容落后等等。

看到种种现象，小胡写了个万言建议书给老总，把刊物的理念和文章的模式批判了一通。他简单地认为，这样才足以显示自己对公司的关心程度。而且，老总自己说了，欢迎他们多提建议，他既然想留下来，那就必须迎合老总的意思。

老总在大会上表扬了小胡敢于谏言的精神，同时暗示：现有秩序是他几十年积累下来的，不会更改。

小江则不一样。他通过一番细心观察发现，原来那套规章制度虽然有些地方看起来不合理，但是根据杂志社的现状，却又是最合适的。因此，小江也写了一份建议给老板。他在里面详细地指出了公司原来制度中对杂志社的发展会起到多么有益的作用。同时，他还提出了两条新的建议给老板做参考。在建议书的最后，小江明确表示出自己想为杂志社做一番事业的想法。

3 个月试用期后，小胡等三人考核不通过，老板独独留下了小江。小胡的经历提醒了职场新人，刚到公司，面对公司的很多不合理的旧制度时，不能自己都还没站稳脚跟就大放厥词。像小胡那样谏言，等于指责老总说：你之前什么都没做，你完全就是个废物！所以当新人遇到公司的旧制度时，太急于谏言往往会搬起石头砸自己的脚！更何况，只要细心观察公司的情况就会发现，那套制度也非完全不合理。而小江的处理方式就明智得多，所以最后的胜利者是小江！

职场中的 PK，结果并不一定非得是你死我活，有时候也会有双赢的局面。

肖琼与刘慧同一年进公司。刘慧独当一面的能力让她在同事间留下了好口碑，而肖琼开朗活泼、漂亮而富有亲和力，虽然能力不及刘慧，不过人际关系不错，对内对外常得益于此。今年年初，已工作了 7 年的部门经理公开了他要跳槽的计划，并点名肖琼和刘慧两人为部门经理候选人。不过，他表示需要认真考虑一番，并与管理层进行商谈，谜底会在 3 个月后揭晓。

3 个月后，当经理宣布接替他位子的是肖琼时，周遭的同事议论纷纷，感到有欠公允。但刘慧却出人意料地表示欣然接受，并赞扬了肖琼身上有着自己没有的许多优点，认为这样的结果很合理。刘慧的行为引起同事交口称赞，留下了通情达理的美名。而刘慧的一番赞扬与理解很快传到了新任经理肖琼的耳朵里，肖琼其实也明白自己的业务能力不如刘慧，升职多半是靠人际关系。因此，原本就对刘慧有所歉意的肖琼，更加深了内疚。于是，第二年的绩效考核，正是肖琼的批示使刘慧得到了最高幅度的加薪，而刘慧的优异成绩也最终引起老板的青睐，被调至另一个部门当主管。

案例中的肖琼与刘慧属于良性竞争。竞争的结果宣判了肖琼的胜出，刘慧的落败。但晋升失败的刘慧对晋升结果的良好态度，却使得她的事业峰回路转。

既然结果已定，对结果的讨论已经没有任何意义。刘慧虽然郁闷，但她马上调整心态，从客观的角度来分析肖琼成功晋升的理由。其实老板绝对不会轻率地晋升谁，谁上谁下，谁走谁留，都会有他们的评判标准，表面上看似不公平，背后很可能有着它公正的一面。更何况每个人身上都有着别人无法企及的优点，这时潜心分析将会收获颇丰，也会对老板的用人理念有更好的拿捏。

貌似相安无事的职场，却常为利益起冲突。晋升意味着权力，很多以此为目标的人各显神通，十八般武艺全都耍一遍。但反过来，这时也是表现超脱人格魅力的好时机。刘慧晋升未果后的赞扬与诚恳，赢得了同事敬佩的目光，也使得在这场晋升中获胜的肖琼为之内疚。最终，肖琼的内疚转成行动，在事业上对刘慧进行了补偿。

一般而言，能力、努力、细心、完美的细节等等，都是职场制胜必须要素！

不过大家需要明白的是，职场制胜并不一定全都有一套死板的规律，有时候细心、能力、豁达的态度并不能完全帮到你，反而是工作中的随机应变更能有助于你在职场中冲杀出一条路！这个就要大家视情况而定了！

高薪族现场直播

高薪族虽然被人羡慕，但他们也不是全无苦恼。他们可能在为了不能得到更高的报酬而苦恼，他们可能在为了保住目前的高薪而感到十分疲惫和危机四伏！

高薪族都有哪些麻烦呢？我们通过下面 3 个故事来了解一下。

宋先生，30 岁，上海大学毕业，本科所学专业是信息技术，1998 年毕业后在一家中型电脑公司任职。在前几年 IT 业火暴的时间里，他迅速成长为一名高级白领，月薪 8000 元，算上年终奖金，他每年的收入至少可以达到 11 万元。除此之外，身边还有十几名下属跟着他，正可谓春风得意。然而没有多久，IT 业形式转坏，不再像以前那般独领风骚，宋先生的身价便一落千丈。为了多赚几桶金，小陈在朋友的鼓动下，跳槽进了一家外资保险公司做业务员，老板当初承诺他月薪 4000 元，另外还有高额提成，预计起来，月收入最少可以达到 15000 元。

宋先生一心想让年薪在 30 岁时达到 20 万元，所以接受了这

257

份工作。然而，事实并非宋先生所能预料。由于他以前从事的是计算机行业，所以对保险和营销行业一窍不通。宋先生在工作中困难重重，为了拉到客户，宋先生挖空心思，从各处着手，不仅向亲戚朋友推销，而且走街串巷，奔走于各种大小公司，每日早出晚归。亲戚朋友对他这种地毯式的推销再也招架不住，都快要下逐客令了，而办公楼的保安们见到他也提高了警惕。虽然宋先生每天辛苦工作，但是每月的指标还是不能完成，老板自然不会给他好脸色看，当初的诺言也化成泡影。

宋先生为此特别苦恼，他很后悔以前鲁莽的决定，早知道现在业务员的工作这么难，还不如当初不要跳槽呢！

王小姐，29岁，上海理工大学毕业，文秘专业。王小姐性格内向，所以在毕业后经过学校推荐进入一家事业单位当秘书，领导了解到了王小姐的性格，所以尽量安排一些文字的工作给她做。

王小姐在5年的秘书生涯中一直平平淡淡，工作相当安逸，没有来自生活的压力，每月拿4000元左右的薪水。然而许多事情并非人们所能预测，这家企业的领导退休了，换来了新的领导。新领导对王小姐的工作并不认可，他希望自己的秘书能够八面玲珑，善于和别人沟通。然而，这些要求和王小姐的个性相差很大，为了保住这份工作，王小姐只能硬着头皮干。她不得不接待不同的来访者，这对性格内向的她来说很难适应。王小姐感觉到了前所未有的职业压力，于是想重新找一份工作。

在亲戚的介绍下，她来到一家杂志社工作，收入也比以前提高了。这对性格文静内敛的王小姐是不是一个新的开始呢？非也，非也。杂志社主要刊登关于房地产的文章，王小姐被安排在编辑的岗位上，这样就不用她来回奔波，也不用处理太多的采访任务，应该很轻松。可是王小姐拿着5000多元的月薪却开心不起来。原因何在？由于王小姐不是中文专业出身，只是在大学阶段学习过文秘，离专业的编辑资质还有不少距离；与此同时，杂志社主办的是房地产杂志，王小姐工作起来难度很大。现在拿着一份不算高，但也可算中等水平的薪水，却不知道未来还能否保住……

何先生，38岁，财经学院大专毕业，从事会计15年，月薪5000元。他在国营企业里工作多年，财务经验相当丰富。像这样的会计人才不是会身价一直看涨吗？难道他还有职业上的问题吗？

然而，事实证明情况并非如此，何先生的职业生涯发生了戏剧性的变化。这家国营企业由于市场经济的冲击，产品生产不符合市场的需求，企业连年亏损。何先生的工作也遭受到重创，他失去了工作。不过，他对自己充满信心，凭借他的专业和经验，要想找到一份会计的工作并不太难。

俗话说"人往高处走"。谁不想通过跳槽一飞冲天呢？于是，何先生经人介绍，来到了一家大型民营公司应聘财务主管，月薪达到8000元。但是烦恼接踵而来。何先生在做会计工作的时候还算顺利，可是公司与不少外企还有生意上的来往，这就要求何先生必须能看懂简单的外语账目。对38岁年纪的何先生来说，要想在短时间内掌握英语几乎是不太可能的事，更别提要做涉外会计的工作了。老板虽然比较满意何先生的会计工作，但是随着公司业务的拓展，会计岗位的任职者必须要掌握涉外会计以及基本的英语，所以老板总是希望何先生能够尽快掌握这门技能，否则他也不得不忍痛割爱。

何先生现在即使拿着不错的薪水，那么未来还能否保住8000元的薪水，他的心里真的是不得而知。

以上几位职场人士的经历都告诉我们，高薪并不是那么容易拿的，即使拿到高薪，要维持自己的薪资水平，就必须时时努力，否则很容易惨遭淘汰！

有不得意的高薪一族，就必然有春风得意的高薪一族。现在，就让这些职场上的佼佼者们，来为我们传授他们的成功经验吧。

在拿到硕士学位后，林颐进入一家IT企业担任市场总监助理，他的工作是负责大区经理和市场总监之间的沟通。初入职时，他就听说那些大区经理一般都是35～40岁左右，文化水平比较低。果不其然，林颐上班第一天就受到了华东区大区经理刁难——华东区订货会拒不执行北京总部的方案。由于林颐搞不定局势，市场总监不得不亲自出马。林颐细心观察总监是如何处理这件事的，结果却发现，总监是用训斥和命令的语气才把任务布置到华东区。可总监毕竟是总监，自己不过是个助理，这让林颐有些为难。但是没过一个月，林颐却发现，市场总监每次都是用这种方式说话才能将任务布置下去。林颐经过总结也发现，不管是自己所在的部门还是其他部门，只要用商量的语气和大区经理沟通，执行总会大打折扣，而如果用强势的语气把任务布置下去，执行得反倒很好。于是，林颐也学会了总监这一招。

到年底了，全国 13 个大区经理要进京开年终总结大会。去之前，大区经理都迫不及待地要见见林颐："林哥呀，进京了，我一定要请您吃顿饭，让您给我们好好指导一下工作。"林颐也笑着答应，可是大区经理进京了，他就马上向老总请了假。他知道，如果这些大区经理看到是这样一个"嘴上没毛"的小子天天训斥他们、督促工作，以后他的威信就没有了，大区经理也没有那么听他的话了。所以，还是躲起来，神秘一点好。

林颐由此发表感慨，让年轻助理比较头疼的一个问题是，当他们遇到"倚老卖老"的员工就没辙了。不要说大区经理，甚至是老板的司机都未必买年轻助理的账。所以，对于年轻助理来说，适当地"狐假虎威"，适当地营造神秘感，对于树立自己的权威是非常必要的。

但是，有一点是不可以忽略的，林颐能得出这个结论是因为他认真全面地观察了整个公司的流程。也正是因此，他才弄明白，自己该如何对待大区经理。如果不是细心去观察，林颐可能直到现在还在头疼！

在我接触到的高薪人士里，无论是惶惶不安的，还是自信满满的，都将关注工作中的细节，列为获得高薪的最大要素。

261

那些不注意细节的人，很可能连自己是怎么错过高薪的都不知道。

我有位姓付的朋友今年 36 岁。这位付女士虽然是企业高管，但实话实说，她的气量有些欠缺。她曾经跟我说过一件事：

原来她所在的公司，同事之间平时的称呼非常随便，付女士也没觉得这样有什么不好。直到有一天，付女士走在单位走廊上，身后突然窜出一个年轻人，拍了拍她的肩膀说："大姐，请问办公室在哪里？"付女士霎时惊呆了，差点忘记告诉他办公室的方位。

"她怎么能叫我大姐呢，这个称呼实在太恐怖了。"直到几个星期后，付女士还是耿耿于怀地对我说，"怎么能叫大姐呢，就算叫姐姐也比大姐好上几百倍。"

再后来，我又从付女士口中得知，原来那个小伙子姓何，那天是第一天来公司报道，刚好在她手底下工作。由于付女士业余时经常跟我聊天，所以我自然会听到她讲述很多工作中遇到的不顺心的事情。而自从那位小何到了付女士手下工作之后，付女士在说及工作中不如意的事情时，经常会提到那个小何工作有多差劲、有多不得力。尽管很多事情在我听来，小何身上的问题，有很多只是一个初入职场的新人难免都会犯的小错误，却被付女士形容得十分严重。但付女士并没意识到自己只是在下意识地针对小何，她认为她的不满是对的，因为小何确实在工作中犯了错误。没过几个月，付女士告诉我："那个小何申请调部门了！"

其实，如果我是小何，遇到一个处处针对我的上司，说不定我也会选择调部门。只是这样对小何来说未免太可惜。小何只是一个初入职场的年轻人，付女士所在的企业给员工的待遇还算不错，特别是付女士所在的部门，像小何那样刚毕业的大学生，起薪可以达到 4000 元。只要小何能踏踏实实在那个岗位工作个几年，拿到 10 万年薪完全不成问题！但是小何因为无法忍受上司的无理苛责而申请转岗。转岗后，小何的薪水只有 3000 元，而且因为专业不太对口，从此很难有晋升的机会，除非小何必须付出更多的努力业余充电！

小何的案例告诉我们，在新进一个单位的时候，最好能够熟知它的企业文化。企业文化不仅仅体现在公司的墙上，还随处可见于工作的细节中。同事之间的称呼就是企业文化的一种外在体现，一个企业以什么类型的称呼为主，与企业管理者的风格、个性有密切关系。

在以氛围自由著称的欧美企业中，无论是同事之间，还是上下级之间，一般互叫英文名字，即使是对上级甚至老板也是如此。如果用职务称呼别人，反而会让人觉得格格不入。在这样的公司工作，不妨也取个英文名字，融入集体。

在由学者创办的企业里面，大家一般彼此以"老师"称呼。这个称呼还适用于文化气氛浓厚的单位，比如报社、电视台、文艺团体、文化馆等。这个称呼能表达出对学识、能力的认可和尊重，因此受到文化单位职业人的青睐。

而在国有企业，最好以行政职务相称。

在等级观念较重的韩资、日资企业，一般也采用这类称呼，如李课长、韩社长等。

关注细节，把握准企业文化，称呼才不容易露怯。

细节决定薪水
——赢得高薪的方法

我们如果想获得高薪、想提升能力、想更完美的完成工作、想在工作中建立良好的人际关系拥有自己的人脉，关注细节是必不可少的因素。